AF523645
LOVE
LUFT
WERDE
WIEDER
WUNDERBAR

... und nun: ein Song für unsere Erde!

Du bist uns Boden, bist uns Wasser,
für unser Leben wie gemacht.
Nur gaben wir als deine Menschen
bislang zu wenig auf dich acht.

Du bist uns Luft und auch das Feuer,
strahlst uns kühl und wohlig warm.
Ein wahrer Star im Universum,
doch unser Da-Sein macht dich arm.

WErde wieder wunderbar,
du kugelrunde Welt.
Wir kleben dir ein Pflaster auf
und hoffen, dass es hält.

Wir machen mit,
wir haben Mut.
Wenn alle mittun,
wird es gut.

Du bist uns Licht, du bist uns Schall
Unter Planeten DER Planet.
Es brauchte Zeit, das zu erkennen.
Nun ist es spät, doch nicht zu spät.

Du bist uns Pflanzen und auch die Tiere,
gibst jeder Vielfalt ihren Raum.
Von tief im Meer bis hoch am Himmel.
Träumen wir weiter diesen Traum!

WErde wieder wunderbar,
du kugelrunde Welt.
Wir kleben dir ein Pflaster auf
und hoffen, dass es hält.

Wir machen mit,
wir haben Mut.
Wir legen los,
so wird es gut.

Du bist wir Menschen, wir sind du:
mit Herz und Hirn, mitten im All.
Wir spielen nun nach deinen Regeln,
du einzigartig blauer Ball.

WErde wieder wunderbar,
du kugelrunde Welt.
Wir kleben dir ein Pflaster auf
und hoffen, dass es hält.

Wir machen mit,
wir haben Mut.
Wenn wir vorausgeh'n,
wird es gut, wird es gut,
wird es gut.

Dieses Buch ist dem Erdwissenschaftler Reinhold Leinfelder gewidmet – Mitmacher und Mutmacher der ersten Stunde (und unser "Mr. Anthropocene").

Melanie Laibl • Corinna Jegelka

UNSERE WUNDERBARE WERKSTATT DER ZUKÜNFTE

99 Ideen fürs Anthropozän

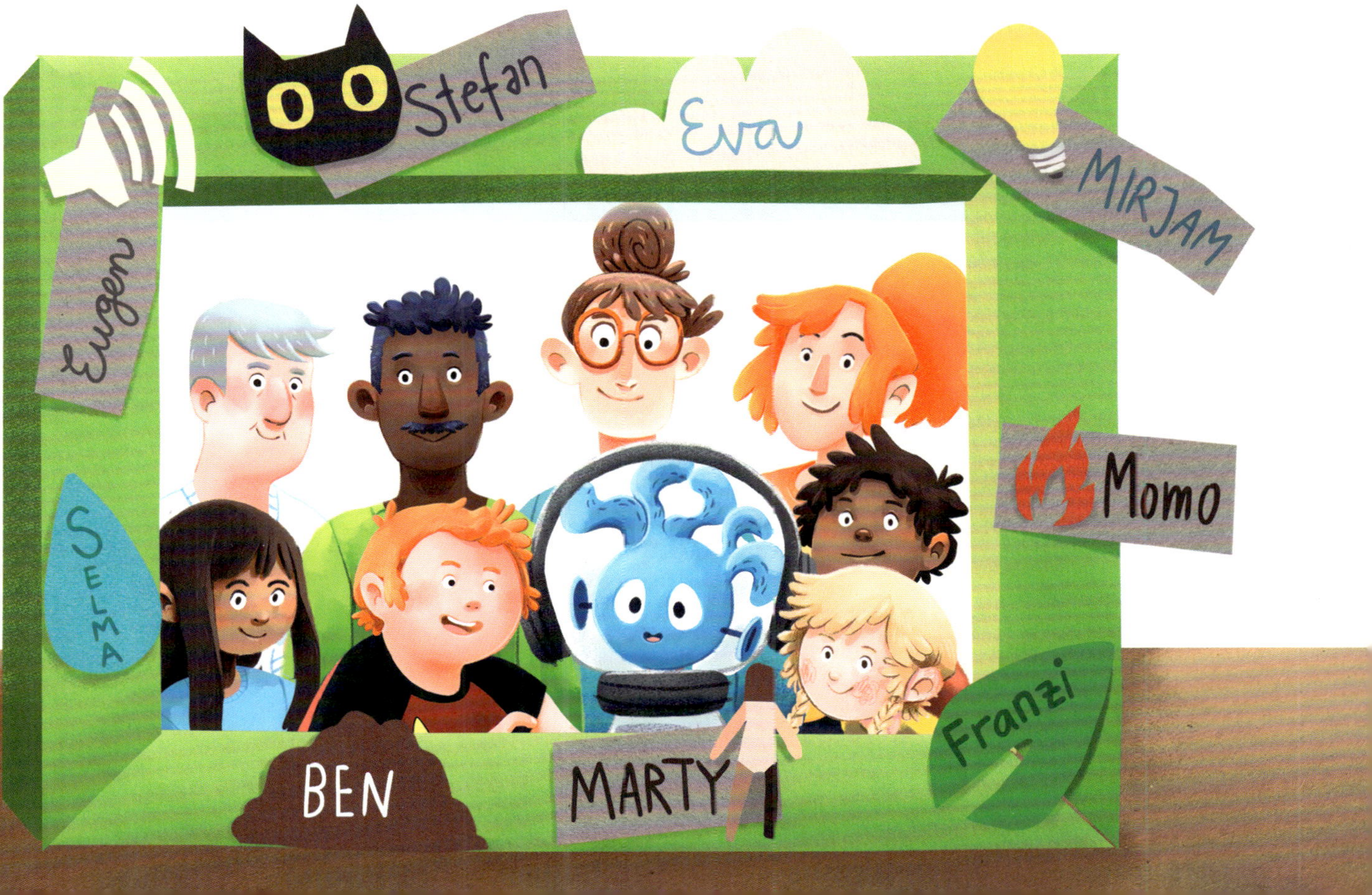

WIR WIR LEBEN – WIE WIR LEBEN WOLLEN

WIE WIR MITGESTALTEN - 99 ERSTE IDEEN

Die Welt von heute

Wie geht es dir, liebe Erde?

Dieses Buch berichtet vom Anthropozän*, dem Zeitalter des Menschen. Es beschreibt den Zustand „unseres" Planeten in einer Zeit, die ganz uns Menschen zu gehören scheint. Es erzählt, was ist und was möglich ist – wenn wir uns fragen, was wir für die Erde tun können. Gleich, jetzt, sofort. Heute für morgen und übermorgen. Und vor allem: gemeinsam.

An diesem „Gemeinsam" müssen wir immer wieder arbeiten. Denn nicht alle finden Themen wie den Klima- oder Artenschutz gleich wichtig. Oft steht eine Meinung gegen eine andere. Es ist ein ständiges Kräftemessen. Ein bisschen wie beim Seilziehen, nur mit Worten und Taten. Gewinnen können wir alle, wenn wir im Gespräch bleiben.

Ist die Erde noch zu retten? Kann sie sich reparieren? Ganz eindeutig: ja. Und das umso schneller und besser, je mehr wir uns jeden Tag für sie stark machen. Denn wir stehen weder am Ende noch am Anfang des Anthropozäns. Wir sind mittendrin. Das gibt uns jede Menge Spielraum, im Kleinen wie im Großen.

Mit unseren 99 Ideen wollen wir Mut machen zum Mitmachen. Wir glauben an die Kraft des Zusammenseins und Zusammenwirkens. Und wir wünschen uns, dass alle, die unsere wunderbare Werkstatt der Zukünfte für sich entdecken, ein Stückchen freudvoller und tatkräftiger herauskommen, als sie hineingegangen sind.

* Mehr wissen? (Fast) alles übers Anthropozän erzählt das Buch „WErde wieder wunderbar. 9 Wünsche fürs Anthropozän". Infos auf Seite 61!

Anthropo-was?

Um die Geschichte unseres Planeten fassbar zu machen, haben Wissenschaftler*innen sie in Abschnitte geteilt: die Erdzeitalter. Zu den bekanntesten gehören Trias, Jura und Kreide (die mit den Dinosauriern) oder das aktuelle Holozän (die Nacheiszeit, mit Start vor 11.700 Jahren). Eine Gruppe von Forschenden ist jedoch überzeugt, dass längst ein neues Kapitel der Erdgeschichte begonnen hat. Sie haben dafür den Begriff „Anthropozän" vorgeschlagen, das Zeitalter des Menschen. Ihr Hauptargument: Die Fuß- und Fingerabdrücke, die wir mit unserer Lebensart hinterlassen, haben den Planeten nachweislich geformt. Von den Tiefen des Meeres bis hinauf auf die Berggipfel – als wären wir Menschen eine Naturgewalt.

Die 9 Bereiche des **Anthropozäns**

Boden Wasser
Luft Feuer Licht
Schall Pflanzen
Tiere Menschen

❗ Zu jeder Idee gibt es Gegenstimmen mit anderen Vorstellungen: Warum statt des „Anthropozäns" nicht das „Kapitalozän" ausrufen (das Zeitalter des Geldes)? Das Gaiazän (nach der Erdgöttin Gaia)? Oder gar das „Plastikozän", „Betonozän" ...?

Das Wort mit K

Klimakrise, Flüchtlingskrise, Energiekrise ... Krisen überall. Das (über-)fordert uns. Und es hilft nur wenig, die damit verbundenen Sorgen und Ängste wegzuschieben. Oder rechtzeitig die Augen und Ohren zu verschließen. Dann schon lieber versuchen, etwas zu bewegen und einen Unterschied zu machen. Das gibt uns ein angenehmes Gefühl: Selbstwirksamkeit!

Wie viel weiß die Wissenschaft?

Fragen, Forschen, Finden. Damit haben Generationen von „Neugierigen" einen reichen Schatz zusammengetragen. Dass Wissen nie feststeht, sondern laufend neu bewertet wird, lässt manche Menschen zweifeln (Wissenschaftsskeptiker*innen). Zudem können Forschungsergebnisse unbequem sein, weil sie unser Weltbild auf den Kopf stellen. Umso mehr arbeiten Forschende daran, ihr Wissen zu verbreiten. Denn wer nichts weiß, muss bekanntlich alles glauben.

❗ Google Earth macht Teile des Anthropozäns sichtbar: Für den Modus „Timelapse" wurden 24 Millionen Satellitenfotos kombiniert. Sie dokumentieren, wie sich die Erde seit den 1980er Jahren verändert hat. Fortsetzung folgt, mit Hilfe der NASA und ESA.

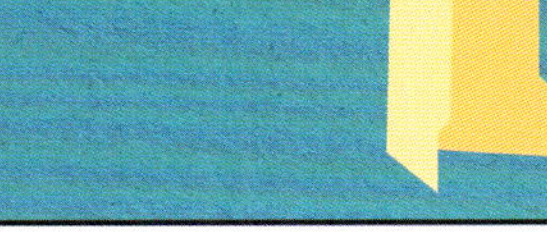

Warum wir? Warum hier?

Die Frage nach der Gerechtigkeit gehört fix zur Diskussion übers Anthropozän. Schließlich gestalten nicht alle Menschen die Erde im selben Maße um. Manche nehmen sich mehr als andere heraus oder geben weniger zurück. So entsteht ein Ungleichgewicht. Vielfach treffen die Folgen daraus gerade jene Menschen, die unseren Planeten vergleichsweise wenig belasten.

Wir bleiben am positiven Wandel dran, selbst wenn andere noch nicht einmal darüber nachdenken. Weil wir es können!

Die Welt von morgen – und übermorgen

Ein Wir aus vielen Ichs

Das Zeitalter des Menschen positiv zu gestalten, ist keine einfache Aufgabe. Es gibt unzählige unterschiedliche Bereiche, die alle gleichzeitig unsere Aufmerksamkeit und Unterstützung benötigen. Müssen wir da eine Auswahl treffen? Wie entscheiden wir, was Vorrang hat? Und schaffen wir es überhaupt, etwas zu bewegen?

Die gute Nachricht ist: Wir können einfach loslegen! In einem Bereich, der uns besonders am Herzen liegt oder Freude macht. Wir werden rasch feststellen, dass die meisten Aufgaben, die wir uns vornehmen, sinnvoll ineinandergreifen. So wird eine Veränderung hier eine Umstellung dort mit sich bringen. Ganz automatisch.

Und weil wir viele sind, können wir bei ebenso vielen Themen gleichzeitig ansetzen. So wird die „Große Transformation" – der gewünschte positive Wandel im Anthropozän – mit einem Mal überschaubarer. Er wird zum Ergebnis von einzelnen Schritten, die wir gemeinsam in dieselbe Richtung gehen.

Ob das nun leise passiert, durch ein achtsames Verhalten jeden Tag, oder laut, durch einen Klimastreik an einem speziellen Datum, ist dabei nicht entscheidend. Wichtig ist, dass uns bewusst wird, welche Kraft wir haben, wenn wir zusammenwirken. Für uns Menschen und für alles, was unseren Planeten zu unserer Heimat macht.

! Anstatt von „Umwelt" sprechen (Anthropozän-)Forscher*innen gerne von der „Unswelt" oder der „Wirwelt". Der Gedanke dahinter: Wir alle sind ein Teil des umfassenden Ganzen aller Lebewesen.

ziehen wachsen
bringen denken telpunkt machen
tendrin MIT fühlen gefühl
freuen gestalten Spielen glieder helfen
feiern welt erleben menschen
arbeiten kriegen wirken wesen
einander kommen teilen

Neun Startpunkte – ein Ziel

Auf der Erde ist alles miteinander verbunden. Das zeigen u.a. Ökosysteme wie die Weltmeere. Ein gutes Leben für die Tiere und Pflanzen dort hängt mit der Sauberkeit des Wassers und der Luft, dem richtigen Ausmaß von Licht und Schall und einem möglichst ungestörten Boden zusammen. Je schonender wir Menschen die Meere nutzen, je rücksichtsvoller wir Ressourcen wie Fischbestände, Erdöl oder Erdgas (Feuer) entnehmen, desto besser für jeden der neun Bereiche.

Die Reparatur der Natur

Die Natur besitzt Selbstheilungskräfte, die wir gezielt fördern. Eine Methode sind Aufforstungen als Gegenmittel für übermäßige Rodungen. „The Great Wall of China" (Die grüne „Chinesische Mauer") etwa bildet mit 60 Milliarden Bäumen einen Schutzwall gegen die Wüste Gobi. Ähnliche Projekte gedeihen auch anderswo, wie z.B. in der afrikanischen Sahelzone, auf Höhe der Sahara.

! Vor knapp 40 Jahren wurde die Gegend um das ukrainische Atomkraftwerk Tschernobyl für Menschen unbewohnbar. Trotz der gefährlichen Verstrahlung sind Pflanzen und Tiere längst zurück – zahlreicher und vielfältiger als zuvor.

Aktiv oder aktivistisch?

Sich mit Superkleber auf die Straße kleben. Tomatensuppe auf Kunstwerke werfen. Autos die Reifenluft ablassen – das ist Aktivismus. Eine extra laute Störaktion, die auf ein Thema aufmerksam macht. Weniger laut, deshalb aber nicht weniger wirksam ist tägliches Aktivsein: Wiesenblumen stehen lassen, verirrte Regenwürmer umsetzen, die Natur nicht zumüllen.

Superheldin Technik?

Es ist technisch machbar, in die Atmosphäre geblasenes Kohlendioxid (CO_2) einzufangen und unterirdisch einzulagern oder sogar in Gestein zu verwandeln. Solche „CCS-Technologien" (für „Carbon-Capture-and-Storage", Kohlenstoff-Abscheidung-und-Speicherung) erfordern allerdings einen hohen Einsatz von Energie, die wiederum erzeugt werden muss.

! Die wichtigste und billigste CCS-Technologie ist die Photosynthese, wie sie unsere Wälder, Meere, Riffe und Moore leisten. Blau-, Buckel- und Zwergwale werden ebenfalls als „Klimaretter" gesehen, weil sie auf verschiedene Weise enorme Mengen an CO_2 aufnehmen. 33 Tonnen sind es beispielsweise in einem Blauwal-Leben!

! Der Begriff „Graswurzel-Bewegung" bezeichnet ein Aktivwerden für ein gemeinsames Anliegen – und zwar nicht von oben (Politik), sondern von der Basis (Bevölkerung). Beispiele: Fridays for Future (Freitage für die Zukunft) oder Omas for Future (Omas für die Zukunft).

Es gibt keinen Planet B.

Und wer will schon einen Plan B?

Wenn wir auch Plan A schaffen können.

Von wegen „keine Zukunft": Unsere Zukunft!

Warum nicht gleich „unsere Zukünfte"?

Unsere wunderbare Werkstatt der Zukünfte

Das Anthropozän braucht funkelnde Ideen

Die Zukunft birgt Geheimnisvolles. Niemand kann genau sagen, was einmal sein wird. Zwar können wir aufgrund unserer Erfahrungen Vorhersagen treffen, wissenschaftlich begründete Theorien erarbeiten und zwischendurch unsere Vorstellungskraft einsetzen. Doch echte Gewissheit gibt es erst, wenn die Zukunft zur Gegenwart wird.

Bis es so weit ist, sind wir frei, uns unser Morgen und Übermorgen auszumalen. Als Zukünfte, die uns selbst und anderen lebenswert erscheinen. Denn nur so ist Fortschritt möglich - indem Verbesserungen erträumt und umgesetzt werden. Jede Entwicklung hat irgendwann als Idee begonnen: die Kinderrechte genauso wie der Umwelt- und Artenschutz oder Erfindungen wie Recyclingpapier, Abgasfilter oder Kläranlage.

Aber wie wollen wir leben? Und wie gelangen wir dorthin? Vielleicht starten wir, indem wir einen Wunsch für einen der neun Anthropozän-Bereiche formulieren. „Wie wunderbar wird es, wenn ..." Damit haben wir ein Ziel und können konkret überlegen, was es braucht, um dorthin zu gelangen.

Mit etwas Glück entdecken wir, dass sich andere Menschen ein ähnliches Ziel gesteckt haben. Dass sie ebenfalls „Wünsche-wirksam" werden wollen. Dann können wir unsere Zukünfte noch bunter und mutiger träumen oder uns sogar das Unvorstellbare vorstellen. Wer weiß ...?

! Gerade diskutieren wir über eine „enkeltaugliche", „enkelgerechte" Zukunft: Entscheidungen, die Erwachsene heute treffen, sollen sich auch für die Kinder von heute, morgen und übermorgen gut anfühlen. Als Basis, auf der sie weiter aufbauen können.

Willkommen! Reinkommen! Drauf- und Drankommen!

- Wir sind: Denkwerkstatt, Ideenwerkstatt, Fantasiewerkstatt, Forschungswerkstatt
- Wir wollen: Uns austauschen, einander inspirieren, andere Standpunkte kennenlernen, aktiv werden, zuhören, Neues (er)finden, Kompromisse schließen, voneinander lernen, uns entfalten, Wissen weitererzählen, über den Tellerrand denken, grenzenlos fantasieren – jedenfalls raus aus unserer „Komfortzone"!
- Wir fragen: Wer? Was? Wie? Wohin? Womit? Wann? Wo? Warum? Warum nicht?
- Wir haben Mut: Weil viele Köpfe zusammen kreativer sind als einer allein.
- Wir machen mit: Für den Boden, fürs Wasser, für die Luft, fürs Feuer, fürs Licht, für den Schall, für die Pflanzen, Tiere und für uns Menschen.

Zwischen Werkzeugkasten und Wundertüte

In unserer Werkstatt der Zukünfte tun wir, was man in einer Werkstatt eben tut: Wir feilen, malen (uns) etwas aus, drehen an Schrauben ... Das alles mit ganz speziellen Tools.

- fürs Wissen: Information. Sorgfältig recherchierte und gestaltete Bücher, Podcasts, Videos, Fernseh-Dokus, Radio-Beiträge, Museen und Ausstellungen, Zeitungen, Lapbooks, Vorträge und Referate, Magazine, Internet, Apps, Social-Media-Beiträge, Gespräche und Diskussionen – und natürlich die Schule!
- für die Vorstellungskraft: Inspiration (Ideen sammeln mit Hilfe von Brainstormings oder Mindmaps) und Imagination (Darstellung in Moodboards oder Scrapbooks)
- fürs Festhalten der Gedankenfunken: Stift und Papier, Kamera und Mikro, Computer und Tablet
- für die „Erste Hilfe": Intuition (Gespür), Imitation (Nachahmen), Serendipität (glücklicher Zufall)
- für alle Fälle: Mut zum Mut!

! Trotz allem Wissen auf der Welt gibt es nach wie vor „Unknown Unknowns" (unbekannte Unbekannte). Dinge, von denen wir noch gar nicht wissen, dass wir sie nicht wissen!

Ja! Nein! Vielleicht?

Wir können unsere Zukünfte durch eine rosarote Brille betrachten, wie es für Optimist*innen typisch ist. Oder wie Pessimist*innen, die komplett schwarzsehen. Womöglich gehören wir aber auch zu den Possibilist*innen, die meinen: Alles ist möglich (englisch: „possible")? Dazu passt, sich als Teil der Welt zu fühlen und an die Kraft von Ideen zu glauben.

! Schwierigkeiten können uns stärken. Man nennt das „Resilienz" – das ist unsere seelische Widerstandskraft, die uns aus Krisen heraushilft. Mit neu erlernten Fähigkeiten und dem Mut zum Weitermachen.

Von Schmetterlingen und Schneebällen

Die Wissenschaftssprache kennt den „Schmetterlingseffekt". Demnach kann ein zarter Flügelschlag an einem Ende der Welt einen Tornado am anderen Ende auslösen. Oder eine Schneeflocke zu einer Lawine anwachsen („Schneeballeffekt"). Kleinste Aktionen – mit Riesenwirkung. Wie wenn wir eine Biene oder Ameise retten: Beide helfen beim Bestäuben von Pflanzen, und ohne Bestäuben keine Früchte bzw. Samen.

Unsere „Werkstücke"

Wir haben schon einmal losgelegt, in Sachen Anthropozän. Marty hat sich auf den Bereich „Menschen" konzentriert, Selma aufs „Wasser", Eugen auf seinen Lieblingsbereich, den „Schall" ... Herausgekommen sind 99 Ideen, die wir auf den folgenden Seiten direkt weitergeben. Denn Wissen ist wie die Freude: Es wächst, wenn man es teilt.

Unsere Ideen sind wie wir - komplett verschieden. Und obwohl wir für sie kreuz und quer ausgeschwärmt sind, passt jede zu einer dieser Grundrichtungen:

BENS IDEEN
für den Boden

Ich lebe: Mit meiner Mama in einer kleinen Terrassenwohnung direkt in der Stadt

Ich mag: Science-Fiction-Geschichten, Unmögliches für möglich halten, irgendwann mal selber ins All

Ich habe Mut: Weil wir bei weitem noch nicht alles wissen, was ist und was sein kann.

Ich mache mit: Damit unser Boden erdig-lebendig bleibt.

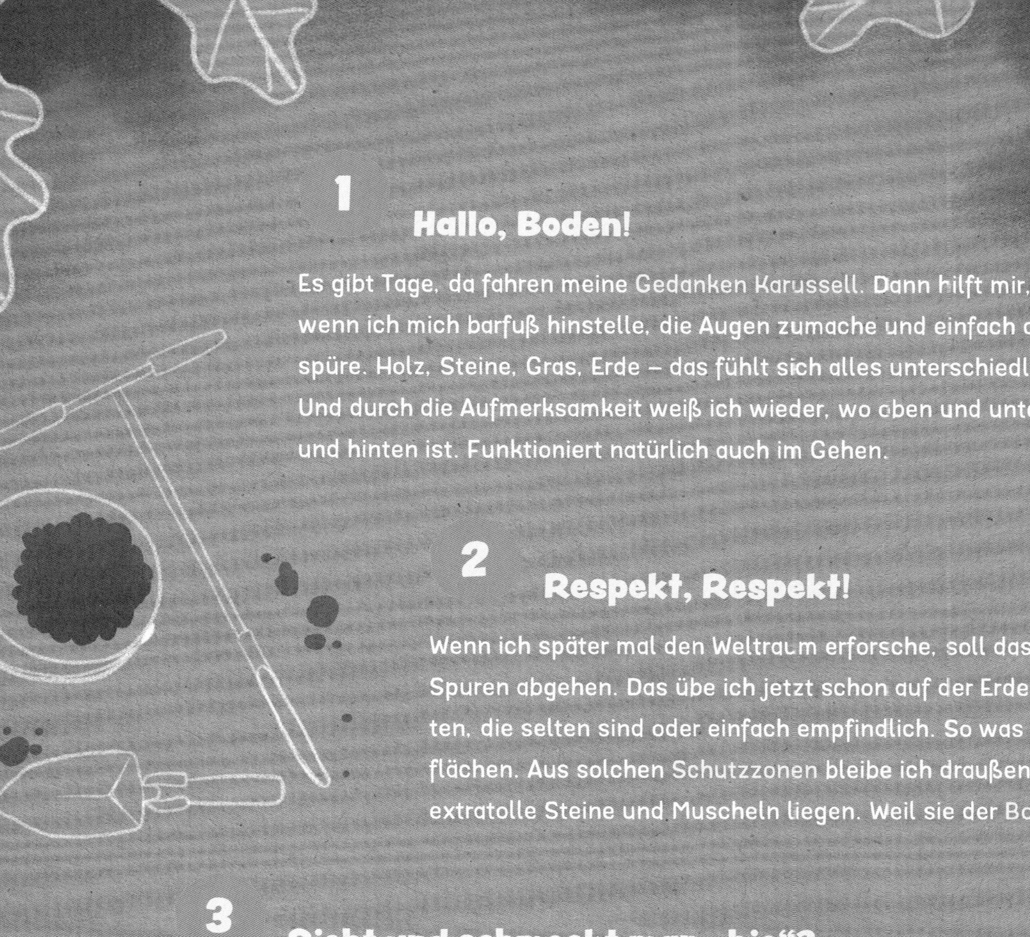

1 Hallo, Boden!

Es gibt Tage, da fahren meine Gedanken Karussell. Dann hilft mir, wenn ich mich barfuß hinstelle, die Augen zumache und einfach den Boden spüre. Holz, Steine, Gras, Erde – das fühlt sich alles unterschiedlich an. Und durch die Aufmerksamkeit weiß ich wieder, wo oben und unten, vorne und hinten ist. Funktioniert natürlich auch im Gehen.

2 Respekt, Respekt!

Wenn ich später mal den Weltraum erforsche, soll das möglichst ohne Spuren abgehen. Das übe ich jetzt schon auf der Erde. Es gibt ja Landschaften, die selten sind oder einfach empfindlich. So was wie Dünen oder Moosflächen. Aus solchen Schutzzonen bleibe ich draußen. Und ich lasse sogar extratolle Steine und Muscheln liegen. Weil sie der Boden von morgen sind.

3 Sieht und schmeckt man „bio“?

Ganz klar ist die biologische Landwirtschaft besser für die Umwelt. Aber sieht man Bio-Sachen dieses Bessersein auch an? Kann man es riechen oder schmecken? Franzi und ich haben uns dazu ein Experiment ausgedacht: Wir werden Schnittlauch und Radieschen aus „normalen“ und aus Bio-Samen ziehen. Und dann gibt's eine Vergleichsverkostung.

! Es gibt jede Menge „Freiwilligenprojekte“, bei denen schützenswerte Naturlandschaften gepflegt werden, etwa Trockenrasen oder Steinbrüche. Das Internet weiß mehr.

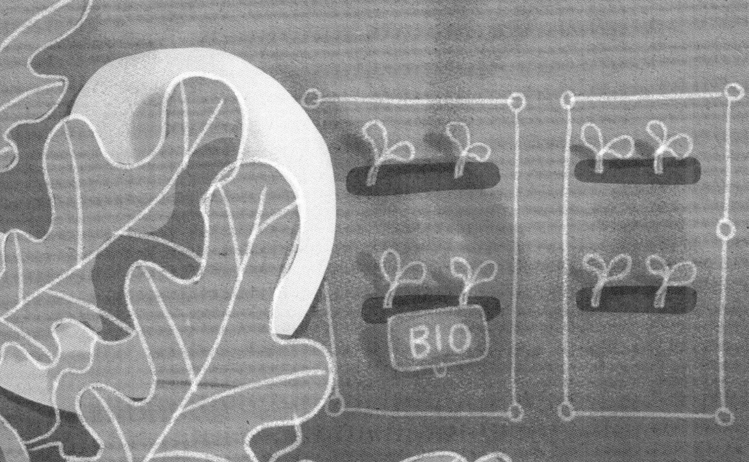

4 Ohne Torf = mit Rücksicht

In gekaufter Blumenerde steckt meistens Torf. Das ist ein spezieller, eher saurer Boden, der aus Mooren geholt wird. Torf macht die Blumenerde locker und lässt sie viel Wasser speichern. Das Problem ist, dass er extrem langsam nachwächst, nämlich nur einen Millimeter pro Jahr. Zum Glück gibt es auch torffreie Erde, damit bleiben die Moore unversehrt.

5 Vom Ver(sch)wenden

! Wörter mit „R“: rethink (überdenken), refuse (ablehnen), reduce (einschränken), re-use (wiederwenden), repair (reparieren), rework (auf- bzw. umarbeiten), recycle (wiederverwerten), rot (kompostieren).

Die Natur hat was gegen Wegwerfprodukte. Sie nutzt, was da ist, immer wieder. Können wir genauso – keine Raketenwissenschaft. Mama und ich nehmen beim Einkaufen eigene Taschen und Behälter mit, suchen uns Unverpackt-Läden oder Wochenmärkte, borgen Geräte aus, statt sie zu kaufen, reparieren Kaputtes oder bringen es ins Reparaturcafé. Alles voll „bodenfreundlich“.

TORFFREI

TOLLE ERDE

6 Held*innen der Straße

Bodenversiegelung bedeutet, dass Erde asphaltiert oder anders zugepflastert wird. Doch es gibt Pflanzen, die mit einer schmalen Ritze, ein bisschen Untergrund und ein paar Regentropfen zufrieden sind. Solche „Pionierpflanzen“ machen sogar Beton wieder zur Wildnis – wenn man sie lässt. Ich liebe es, sie aufzuspüren.

! Plogging ist ein neuer Fitnesstrend, der nachhaltig wirkt. In dem Wort stecken „Jogging“ plus das schwedische „plocka“ für „Sammeln“. Müllsammeln also, beim Joggen.

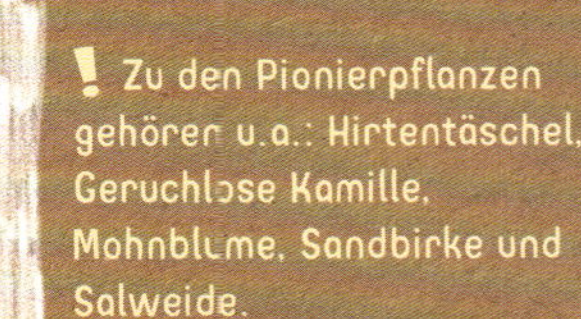

! Zu den Pionierpflanzen gehören u. a.: Hirtentäschel, Geruchlose Kamille, Mohnblume, Sandbirke und Salweide.

7 Rundherum aufräumen

Müll im Wald und auf der Wiese? Geht für mich gar nicht! Ich hebe auf, was ich kann, und werfe es in die nächste Mülltonne. Eine Gefahr weniger für Boden, Wasser und Tiere. Viel mehr tut sich natürlich, wenn alle zusammenhelfen. Bei uns passiert das immer im März, beim „Flurreinigungstag“ – dem Putztag für Stadt und Land.

8 Ein wuselndes Wunder

Wir haben eine Wurmkiste in der Schule. Das ist ein Zimmer-Komposthaufen, mit einem kleinen Universum an Lebewesen: Regenwürmern, Springschwänzen, Bakterien und Pilzen. Sie fressen sich durch unsere Pausenreste (von Apfelstrunk bis Zitronenschale) und machen daraus Dünger. Dieser Wurmhumus oder Wurmtee stinkt übrigens null.

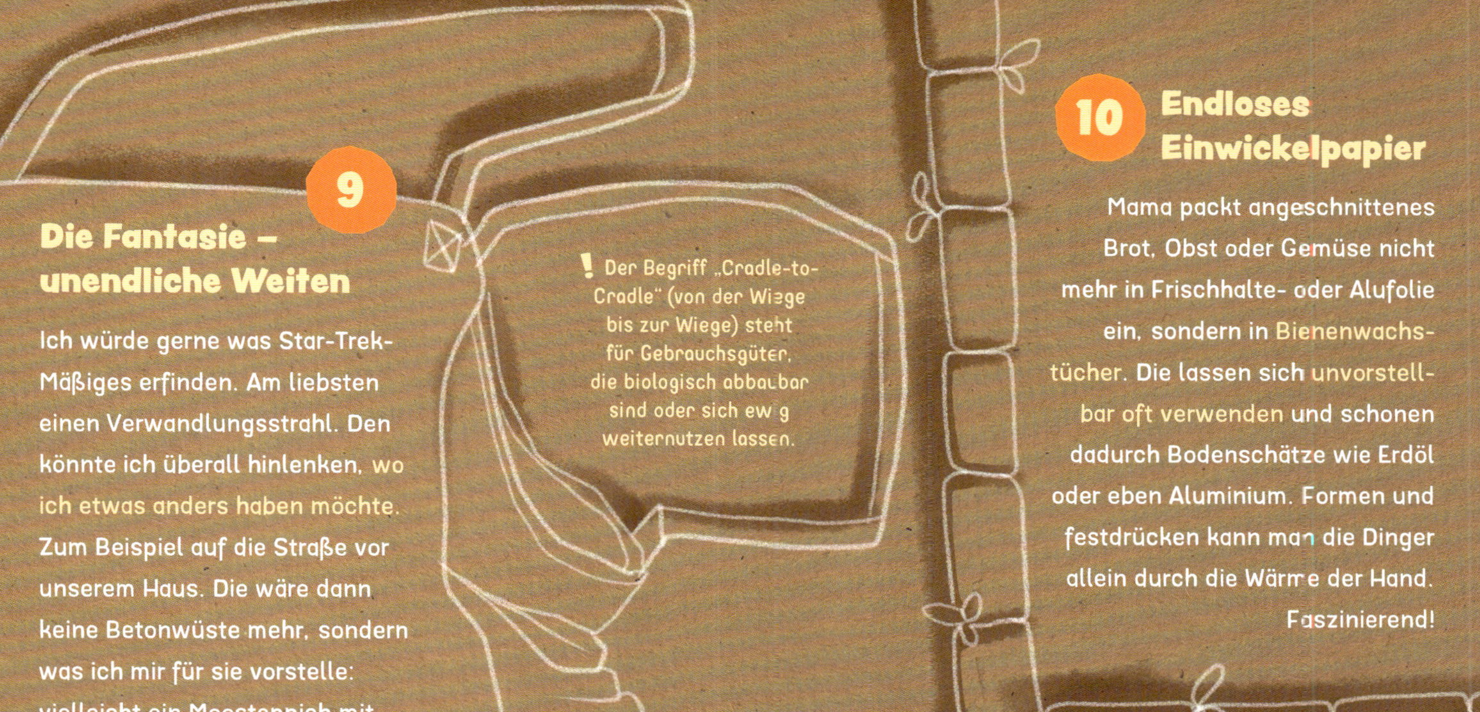

9 Die Fantasie – unendliche Weiten

Ich würde gerne was Star-Trek-Mäßiges erfinden. Am liebsten einen Verwandlungsstrahl. Den könnte ich überall hinlenken, wo ich etwas anders haben möchte. Zum Beispiel auf die Straße vor unserem Haus. Die wäre dann keine Betonwüste mehr, sondern was ich mir für sie vorstelle: vielleicht ein Moosteppich mit spacigen Tautropfen. Oder …

! Der Begriff „Cradle-to-Cradle" (von der Wiege bis zur Wiege) steht für Gebrauchsgüter, die biologisch abbaubar sind oder sich ewig weiternutzen lassen.

10 Endloses Einwickelpapier

Mama packt angeschnittenes Brot, Obst oder Gemüse nicht mehr in Frischhalte- oder Alufolie ein, sondern in Bienenwachstücher. Die lassen sich unvorstellbar oft verwenden und schonen dadurch Bodenschätze wie Erdöl oder eben Aluminium. Formen und festdrücken kann man die Dinger allein durch die Wärme der Hand. Faszinierend!

Ssselbst gemachte Bienenwachstücher

Vorbereiten:

- Reste von Baumwollstoff (frisch und ohne Weichspüler gewaschen)
- Bienenwachs (aus Imkerei, Apotheke oder Reformhaus)
- Schere bzw. Zackenschere (für fransenfreie Kanten)
- Schneidbrett
- Küchenreibe
- Backrohr und Backblech
- Backpapier
- Pinsel

Loslegen:

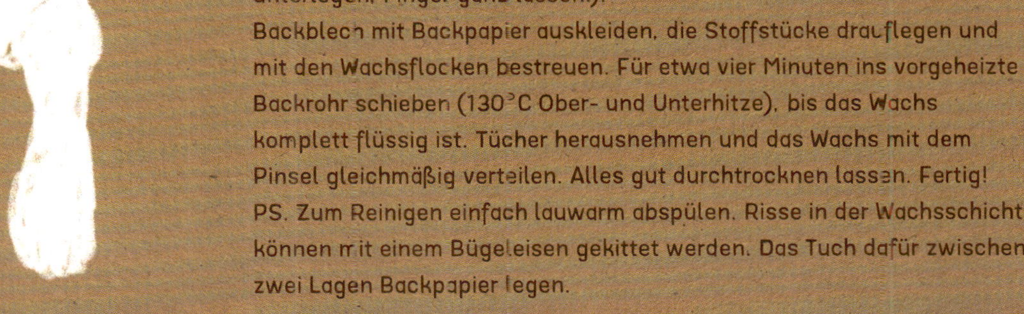

Den Stoff in den gewünschten Größen und Formen zuschneiden.
Das Bienenwachs mit der Reibe in feine Flocken hobeln (Schneidbrett unterlegen, Finger ganz lassen!).
Backblech mit Backpapier auskleiden, die Stoffstücke drauflegen und mit den Wachsflocken bestreuen. Für etwa vier Minuten ins vorgeheizte Backrohr schieben (130°C Ober- und Unterhitze), bis das Wachs komplett flüssig ist. Tücher herausnehmen und das Wachs mit dem Pinsel gleichmäßig verteilen. Alles gut durchtrocknen lassen. Fertig!
PS. Zum Reinigen einfach lauwarm abspülen. Risse in der Wachsschicht können mit einem Bügeleisen gekittet werden. Das Tuch dafür zwischen zwei Lagen Backpapier legen.

11 Gute Spuren

Beim Ausrechnen des „ökologischen Fußabdrucks" kommt ein krasser Wert heraus. Sogar, wenn man bereits vieles richtig macht. Darum mag ich den neuen Gedanken vom „ökologischen Handabdruck". Der bewertet nicht, wie wir weniger werden und leichter wiegen, sondern wie viel Rücksicht wir auf die Erde und alle Lebewesen nehmen.

SELMAS IDEEN
fürs Wasser

Ich lebe: Abwechselnd bei meinem Papa in einer Stadtwohnung und bei meiner Mama und meinen Baby-Geschwistern in einem Haus auf dem Land

Ich mag: Verstehen, was unsere Welt zusammenhält, in Themen eintauchen und den Dingen auf den Grund gehen

Ich habe Mut: Weil wir der Natur bloß zuhören müssen, um zu erfahren, wie's geht.

Ich mache mit: Damit wir besser auf unser Wasser aufpassen.

Mein Werkstatt-Motto: Wir haben Wissensdurst!

12 Schubi-dubi-duschen

Leider braucht ein Vollbad ungefähr dreimal mehr Wasser und Energie als eine 5-Minuten-Dusche. Das ist hart für Leute, die gerne in der Wanne liegen oder spielen. Meine Geschwister und ich suchen noch nach dem perfekten Mittelweg: Nur am Wochenende? Nur im Winter? Und im Sommer dafür 2-Minuten-Duschen?

13 Wildes Wasser, braves Wasser

Bei uns gibt es einen schnurgeraden Fluss. Auf alten Bildern und Landkarten sieht man, dass er früher anders geformt war, mit vielen Schlingen und Nebenarmen. Manchmal stelle ich mir vor, dass er wieder frei fließen darf. Oder dass Bäche in der Stadt nicht mehr unter Asphalt versteckt sind. Was würde das ändern, für die Tiere, Pflanzen, Menschen … und für die Luft?

14 Neues Zuhause gesucht

Angeblich hat jede*r von uns 85 Kleidungsstücke im Schrank – Unterwäsche und Socken nicht mitgezählt. Bei mir stimmt es … beinahe. Schlimm ist, dass neu Gekauftes im Durchschnitt 4 x getragen und danach weggeschmissen wird. Sinnvoll geht anders: spenden, tauschen, verkaufen (Secondhand-Laden, Flohmarkt), umarbeiten (upcyceln) …

! Für gebrauchte Kleidung gibt es schicke Begriffe, wie „Secondhand" (aus zweiter Hand), „Vintage" (alt, aber trendig) oder „pre-loved" (vorgeliebt).

! In den vergangenen 40 Jahren ist der Verbrauch an Kleidung weltweit um das Vierfache gestiegen, während die Preise etwa im gleichen Maß gesunken sind. Diese billige, schnell wechselnde Mode (Fast Fashion) führt zu riesigen Altkleidermengen, die viele neue Probleme schaffen.

15 Schöner als neu

Früher wurden kaputte Anziehsachen so repariert, dass es kaum auffiel. Heute zeigen wir stolz, wenn wir Kleidung ewig tragen. Beim „Visible Mending" (sichtbaren Ausbessern) umhäkeln oder verweben wir Löcher und Risse wie Kunstwerke. Ich lerne es in einem Nähclub. Doch man findet die Anleitungen auch in Büchern und natürlich online.

16 Fang das Mikroplastik!

Mikroplastik in der Natur kommt auch vom Wäschewaschen: Derart winzige Teilchen kann keine Kläranlage herausfiltern. Wir müssen dafür sorgen, dass sie erst gar nicht ins Wasser gelangen. Zum Beispiel, indem wir zu Kleidung aus Naturfaser greifen. Für andere Teile (Shirts mit Aufdrucken und Glitzer oder Sportsachen aus Kunstfaser) habe ich mir einen speziellen Waschbeutel gewünscht.

! Nicht alles muss ständig gewaschen werden. Vielfach genügt ein ausgiebiges Lüften an der Sonne, damit Kleidung wieder angenehm riecht.

! In einem durchschnittlichen T-Shirt steckt Wasser aus 17 Badewannen, v.a. für den Baumwollanbau und fürs Färben. Ungefähr 1/3 davon ist Trinkwasser.

17 Kosmetik auf Plastik checken

In Shampoos, Duschgels usw. stecken oft plastikähnliche Zutaten. Durch sie wirkt Kosmetik stärker oder fühlt sich besser an. Dummerweise steht auf der Verpackung nicht: „mit Mikroplastik". Man muss es aus den Inhaltsstoffen herauslesen. Die verdächtigen Zutaten kann man sich merken (schwierig!) oder auf einer Liste mit dabeihaben (siehe Seite 60!).

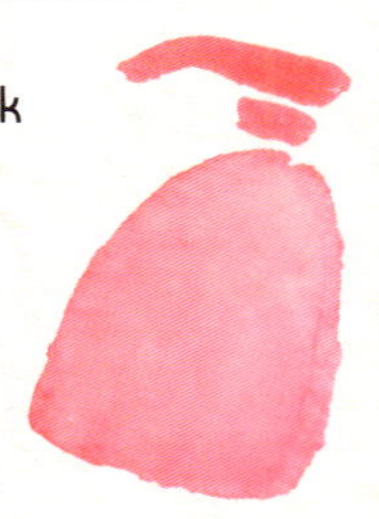

! Praktisch sind Smartphone-Apps mit Plastik-Detektor wie „Code Check" (Strichcode-Check), „Beat the Microbead" (Besiege die Mikrokügelchen) und andere.

Weg mit dem Wasserstress 18

Wir drehen einfach den Hahn auf und kriegen sauberes Wasser geliefert. Das ist ein Luxus, den nicht alle auf der Erde haben. Darum schütte ich übriggebliebenes Wasser aus meiner Trinkflasche oder aus dem Teekessel nicht in den Abfluss, sondern sammle es in einer Gießkanne. Und auf Papas Balkon und in Mamas Garten fangen wir das Regenwasser auf.

Staunen im Badezimmer-Labor

- ganz wenig von einem gängigen Pflegeprodukt in einen Kaffee- oder Teefilter füllen
- den Filter auf die Handfläche oder in einen Trichter setzen
- vorsichtig mit Wasser ausspülen, damit nichts übergeht oder reißt
- den Filter trocken werden lassen
- seine Innenseite auf sicht- oder fühlbare Teilchen überprüfen (Lupe! Mikroskop!)

! Von „Wasserstress" spricht man, wenn in der Landwirtschaft, der Industrie und den Haushalten mehr Wasser genutzt wird, als auf natürliche Weise nachfließt.

19 Achtsam haushalten

Für Mama bin ich die „Wasserpolizei", weil wir den Geschirrspüler erst aufdrehen, wenn er knallvoll ist. Ich nenne das „wasserfreundlich". Genau wie Papas Spülen mit der Hand, ohne rinnenden Hahn: Becken zustoppeln, halb mit warmem Wasser füllen, Spülmittel dazu, danach stückweise das Geschirr abwaschen, in der Reihenfolge von sauberer bis schmutziger. Danach noch ein flotter Durchgang mit klarem Wasser.

! Ein Mensch in Deutschland verbraucht im Jahr allein auf dem Klo doppelt so viel Wasser wie ein Mensch in Indien in seinem gesamten Leben.

20 Lokal statt global

Obst und Gemüse kann sogar dort wachsen, wo eigentlich Wüste ist. Es braucht nur ausreichend herbeigepumptes Wasser. Darum finde ich wichtig, dass wir beim Einkaufen auf das Schild mit dem Herkunftsland schauen, bevor wir entscheiden, ob wir etwas mitnehmen oder nicht. „Möglichst frisch und aus der Nähe" passt normalerweise immer.

21 Putzen wie früher

Künstliche Duftstoffe in Wasch- und Putzmitteln können das Wasser schädigen und seine Lebewesen stören. Darum sammle ich Saubermach-Rezepte zum Selbermachen. Diesen Bad-Reiniger aus Zitrusfrüchten mag ich besonders. Man braucht dafür die Schalen, die sowieso meist übrigbleiben. Mit ungespritzten Früchten ist er doppelt öko. Logisch.

! Efeu und Kastanien enthalten von Natur aus schaumbildende Stoffe (Saponine). Aus ihnen lassen sich im Handumdrehen rein pflanzliche Flüssigseifen und -waschmittel herstellen.

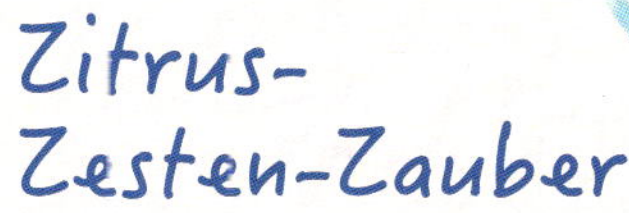

Zitrus-Zesten-Zauber

Vorbereiten:

- 2 Händevoll (Bio-)Zitrusfrucht-Schalen, in Streifen geschnitten
- 1 Flasche hellen Essig (z.B. Weißweinessig oder verdünnte Essigessenz)
- großes, verschließbares Glasgefäß

Loslegen:

Die zerkleinerten Schalen (Zesten) in das Gefäß schichten: Zitronen, Orangen, Mandarinen, Grapefruits oder Limetten, pur oder bunt gemischt. Mit Essig aufgießen, bis alles bedeckt ist. So kann sich kein Schimmel bilden. Das Gefäß zumachen und für drei Wochen an einen hellen Ort stellen. Nun das Gemisch abseihen, dabei die Schalen gut ausdrücken, und den Reiniger zum Verwenden in eine (gebrauchte) Sprühflasche füllen. Fertig!

Strengstes Kanalverbot! 22

Mit der Schule waren wir in einer Kläranlage. Jetzt weiß ich, was (außer Schmutzwasser) im Kanal landen darf und was sicher nicht: Alle Hygieneprodukte (Windeln, Binden, Tampons, Feuchttücher ...) gehören in den Restmüll, Öle und Fette zur Sammelstelle, genau wie alte Medikamente und Lackreste. Durch falsch Runtergespültes arbeitet die Kläranlage weniger energiesparend und umweltschonend.

EVAS IDEEN
für die Luft

Ich lebe: Mit meinem Mann in einem selbst gebauten Tiny House am Stadtrand, umgeben von Vögeln, Eichhörnchen, Mardern, Igeln und ab und zu einem Fuchs

Ich mag: Neue Denkrichtungen und Lebensweisen ausprobieren, andere mit meiner Begeisterung anstecken

Ich habe Mut: Weil immer mehr Menschen mitkriegen, wo ihre bzw. unsere Grenzen sind.

Ich mache mit: Damit unserem Planeten nicht die Luft ausgeht.

Mein Werkstatt-Motto:
Wir atmen ein, wir atmen aus!

23

Lust auf eine Konsum-Diät?

Bevor ich etwas kaufe, frage ich mich: Muss ich es unbedingt haben? Macht es mich glücklich? Und für wie lange? Kaufen hat nämlich mit „Sich-Belohnen“ oder „Dazu-gehören“ zu tun. Das ist längst erforscht. Wir aber machen munter weiter, wodurch laufend Nachschub erzeugt und später entsorgt wird.

! Der „Black Friday“ (Schwarzer Freitag ist ein Rabatt- und Schnäppchen-tag. Als Protest dagegen gibt es den „Buy Nothing Day“ (Kauf-nix-Tag).

24

„Luftfreundlich“ leben

Klimaschutz hat so viele Aspekte. Warum nicht anfangen, wo es Spaß macht? Ich für meinen Teil radle samstags zu einem Bauernhof in der Nähe. Dort kriege ich Frisches aus der Region, ohne lange Transportwege oder unnötigen Verpackungsmüll. Ich sehe, wie die Tiere gehalten werden, und „Geschichten vom Acker“ gibt's gratis dazu.

25

Mal anders von A nach B

Für die täglichen Wege nutze ich mein Fahrrad, die Straßenbahn oder meine Füße. Mit jeder Art der Fortbewegung ändert sich meine Wahrnehmung für eine Gegend, die mir im Grunde sehr vertraut ist. Dadurch sehe, rieche, höre und schnuppere ich ständig Neuigkeiten. Wer dieselbe Strecke mit dem Auto fährt, erlebt das wohl weniger intensiv.

! Der öffentliche Raum wurde lange Zeit von und für Autofahrende(n) geplant. Jetzt denkt man Mobilität breiter: zu Fuß, mit Kinderwagen oder Rollstuhl, auf Fahrrad oder Scooter.

! Die „15-Minuten-Stadt“ ist ein Planungsmodell. Es macht alles Nötige auf kurzen Wegen erreichbar: Schule, Geschäfte, medizinische Versorgung …

26 Klima-Check für die vier Wände

10 Min

Räume brauchen Frischluft. Unser Haus regelt das über seine kontrollierte Wohnraumlüftung. Ohne gilt: besser 10 Minuten stoßlüften als dauerkippen, speziell in der Heizsaison. Zum Wohlfühlklima gehört für mich außerdem mein Freund, der Wäscheständer. Er ist Luftbefeuchter plus Trockner minus Energie.

27 Schämen bringt's nicht

Auch Erwachsene haben Flug-, Auto- oder Geschenkpapier-Scham. Wir müssen unsere Gewohnheiten ändern und brauchen Anregungen für einen Richtungswechsel. Oft inspirieren mich meine Schüler*innen. Hier zum Thema „Urlaub": mit dem Schlafwagen ans Ziel, den 20-km-Radius ums Zuhause erforschen, Zimmerreisen als Abenteuer im Kopf …

! Mit Bus oder Bahn unterwegs sein und sich damit gerade richtig wichtig machen? Geht mit einem neuen Begriff dafür: „terranes Reisen".

28 Leben mit den Jahreszeiten

Im Supermarkt gibt es immer alles: Erbsenschoten oder Erdbeeren, im Sommer wie im Winter. Wenn sie bei uns nicht wachsen, kommen sie von weither angereist, mit einem entsprechenden CO_2-Rucksack. Ich will wissen, was wann Saison hat, und habe mir einen Obst- und Gemüsekalender gebastelt. Mit meinen Lieblingssorten und Neuentdeckungen.

NOV

29 Auf zur Lebensmittelrettung!

Ob Gemüse oder Fleisch, Frisch- oder Fertigprodukt ist nicht nur Klima- sondern auch Geschmackssache. Doch in einem sind wir uns einig: Essen darf nicht in den Müll. Darum nicht zu viel besorgen (Einkaufszettel), auf die Lagerung achten (ungekühlt bzw. gekühlt), den Kühlschrank mit Plan einräumen (Kältezonen), alles verwerten (Kreativküche) und beim Auswärtsessen Reste einpacken lassen (Doggy Bag).

! Im Globalen Norden landen jedes dritte Brot und jeder dritte Apfel ungegessen im Müll – gemeinsam mit einem Drittel aller anderen genießbaren Lebensmittel.

! Der Schriftzug MHD auf Lebensmittelverpackungen bedeutet: Mindesthaltbarkeitsdatum. Oft sind die Sachen jedoch länger genießbar. Also vor dem Wegwerfen: schauen, riechen und kosten!

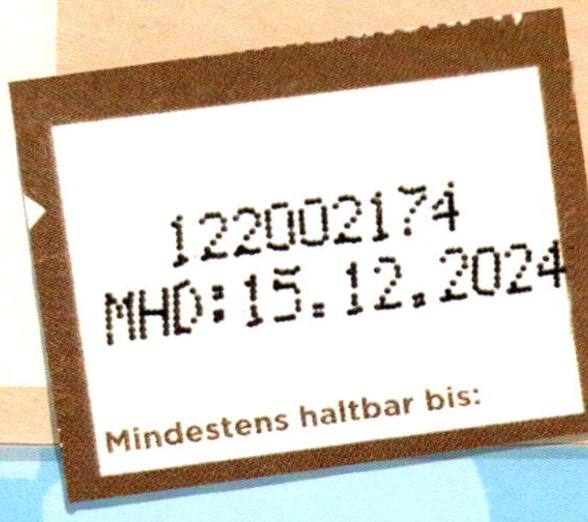

122002174
MHD:15.12.2024
Mindestens haltbar bis:

30 Zero Waste – Null Müll

Der beste Müll ist der, der gar nicht erst entsteht. Nur: Wie schafft man das? Meine Top-Tipps: Lebensmittel in Pfand-verpackungen kaufen (Mehrweg statt Einweg), Abfälle nach Wiederverwertbarem trennen (Wertstoffe: Papier, Glas, Alu, Kunststoffe), Kaputtes reparieren (Reparaturcafés), selten Gebrauchtes ausborgen (Leihbörsen) und vieles mehr.

! Neben den Begriffen „Recycling" und „Upcycling" gibt es auch „Precycling". Damit ist das möglichst vollständige Vermeiden von Müll gemeint, etwa bei Verpackungen.

Die neue Daten-Achtsamkeit

Telefonieren, Surfen, Chatten & Co. erhöht unseren Energiebedarf bzw. CO_2-Ausstoß. Andererseits sparen wir dadurch Wege ein, etwa beim digitalen Lernen und Arbeiten. Ich denke, es geht um das „Wieviel davon": Mails ohne Mega-Anhängsel benötigen weniger Übertragungszeit als mit, Streamen oder Gamen kann Goodie sein statt Gewohnheit ...

! Eine einzelne E-Mail verursacht einen ähnlichen CO_2-Ausstoß wie die Herstellung einer Plastiktasche (nämlich 10 g). Schon das Abbestellen unnötiger Newsletter bringt's!

! „Googeln" kann man genauso mit der Suchmaschine „Ecosia" (www.ecosia.org). Sie verwendet ihre Werbeeinnahmen fürs Pflanzen von Bäumen.

32 Speisekammerstöbern

Ein Rezept, nur mit Zutaten, die man zu Hause hat? Das ist eine spannende Herausforderung und befördert sogar „Ladenhüter" auf den Teller. Mein Mann und ich schreiben oder zeichnen unsere Kreationen auf und teilen sie mit anderen Resteköch*innen. Irgendwann wird daraus ein Kreativkochbuch.

33 Für eine klimafitte Stadt

Es braucht Lösungen für die heißen Stadtsommer: verkehrsberuhigte bzw. -freie Zonen, „Grüne Ringe" und Frischluftschneisen, Nebelduscher und Wasserspiele. Inzwischen kühlen wir schon mal vor. Mit Grünzeug auf der Fensterbank oder bepflanzten Baumscheiben in unseren Straßen.

Denkraum Zukunft: Fortschritt

Wir sind Zwerge
auf den Schultern von Riesen.
Dadurch sehen wir
weiter als sie.

Das Bild von den Zwergen und Riesen wird seit Jahrhunderten von klugen (und bescheidenen) Köpfen in der Forschung verwendet. Es soll zeigen, dass ihre Erkenntnisse nicht ohne die Entdeckungen von noch klügeren Köpfen vor ihnen möglich gewesen wären. Aber was, wenn in diesem Turm gar keine Riesen vorkommen? Könnten nicht auch lauter Zwerge aufeinander stehen? Von denen jeder auf seine Weise „groß" ist und so das Wissen wachsen lässt?

MOMOS IDEEN
fürs Feuer

Ich lebe: Mit meinen Eltern, meiner Zwillingsschwester und meinem Zwerghamster in einer alten Stadtvilla

Ich mag: Alles, was mit Bits und Bytes und überhaupt mit Technologie zu tun hat, vom Gaming bis zur Künstlichen Intelligenz

Ich habe Mut: Weil wir unsere Energie noch in die richtige Richtung lenken können.

Ich mache mit: Damit nicht zu viel Feuer auf der Erde lodert – aber auch nicht zu wenig.

Mein Werkstatt-Motto:
Wir brennen für den Umweltschutz!

34 Wärme von innen

Sobald nicht mehr Sommer ist, verschwinden bei uns die Cornflakes vom Frühstückstisch. Stattdessen gibt's „Porridge", eine Art Brei für Große, aus Getreideflocken, Wasser, Pflanzendrink oder Milch. Untertags dann öfters Suppe oder Eintopf. Laut meinen Eltern braucht unser Körper dadurch weniger Energie zum Verdauen und kann sich aufs Warmhalten und Gesundbleiben konzentrieren.

! Im Winter können wir uns mit speziellen Gewürzen zusätzlich einheizen: Zimt, Vanille, Gewürznelken, Kardamom, Ingwer, Muskat, Thymian, Chili oder Pfeffer.

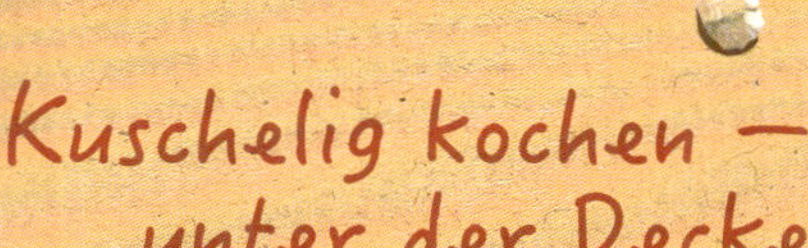

Kuschelig kochen – unter der Decke

Wer gerne im Bett frühstückt, hat es doppelt gut. Die warme Decke bewahrt nämlich auch den Rest vom heißen Brei vor dem Auskühlen (unbedingt in einem Gefäß mit dichtem Deckel). Und dieser „Trick 17" für Reisfans ist jedenfalls einen Versuch wert:

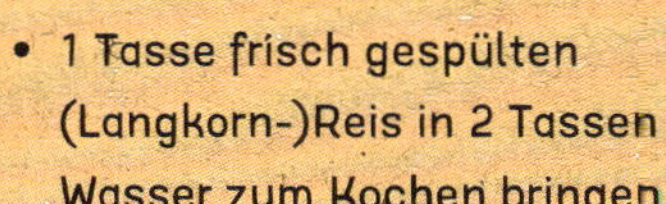

- 1 Tasse frisch gespülten (Langkorn-)Reis in 2 Tassen Wasser zum Kochen bringen
- etwas Salz hinzufügen und die Temperatur reduzieren
- das Ganze zugedeckt für 3 bis 4 Minuten köcheln lassen
- den Topf vom Herd nehmen, sicher verschließen und ins Bett stellen
- fest in Decken einwickeln und ca. 1 Stunde warten – fertig!
- morgens ins Bett gepackt, bleibt der Reis bis zum Abend warm.

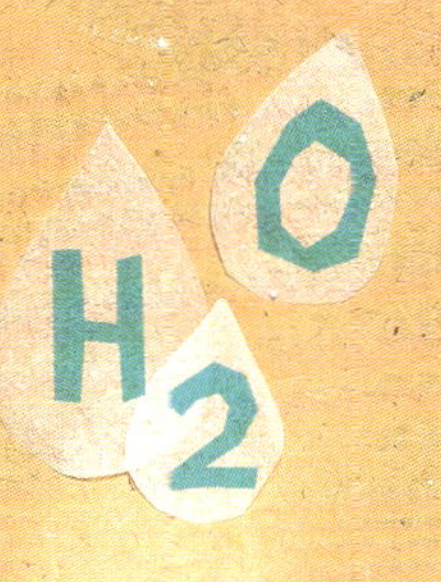

Plastik-Planet 35

Kunststoffe werden hauptsächlich aus unseren begrenzten Erdöl-Vorräten erzeugt. Ein Grund mehr, den Verbrauch runterzuschrauben. Das bringt's voll: Plastik recyceln und jedenfalls einen Bogen um Einwegplastik machen. Ich habe beispielsweise schon ewig dieselbe Trinkflasche und Pausenbox und kaufe keine in Plastik verpackten Naschereien.

! Schätzungen zufolge wird jede Minute die Menge einer Müllwagen-Ladung an Plastik in unsere Meere gekippt.

! Als Projekt haben die Fotografin Alina Emrich und der Fotograf Kiên Hoàng Lê ihren Plastikmüll einer Woche gesammelt und sich mittendrin abgelichtet. Herausgekommen sind spannende Einblicke in ihren „kunststofflichen" Alltag.

36 Kleiner Appetit und Riesenhunger

Das Strom-Tagebuch hat meine Schwester aus der Schule mitgebracht. Dabei beobachtet man den Zähler zuhause. Wir notieren den Stand vor und nach dem Laufen eines Geräts oder schauen den Ziffern direkt beim Raufklettern zu. Der Vergleich der Werte gibt uns ein Gefühl dafür, welches Gerät daheim wie viel Strom frisst.

Wenn nichts mehr geht 37

Es heißt, dass es im Globalen Norden irgendwann ein „Blackout" geben wird. Stunden oder Tage komplett ohne Strom, weil die Netzversorgung streikt. Wir haben für den Fall der Fälle ein paar Vorräte angelegt: darunter Kerzen, Streichhölzer und meine geniale Taschenlampe. Die kriegt ihre Energie batterielos, durch Kurbeln mit der Hand.

! Im Globalen Süden ist Strom oft Mangelware. Von dort kommen nachhaltige Ideen wie sonnengewärmtes Wasser aus Dachzisternen oder solarbetriebene Lampen.

38 Die große Pullover-Challenge

„Runter mit der Raumtemperatur" ist eine schnelle Methode, um spürbar Heizkosten zu sparen. Wir sind erst mal mit 1 °C weniger gestartet, dafür mit einer Kleidungsschicht mehr. Jetzt sitzen meine Schwester und ich nicht mehr im T-Shirt rum, sondern mit einem Hoodie. Unser Ziel: noch einen weiteren Grad schaffen, dann eben mit Wollpulli.

39 Runterschalten, runterkommen

Wenn's nach meinen Eltern ginge, würde ich ständig mit dem Auto gebracht und geholt werden. Das ist so was von unnötig, speziell in der Stadt. Ich bin dafür, dass sich alle mindestens einen autofreien Tag aussuchen. Oder wenigstens den Motor abstellen und keine Schadstoffe in die Luft blasen, wenn sie vor der Schule auf uns Kinder warten.

! 1973 schossen die Preise für Erdöl in die Höhe. Als Reaktion wurde in Österreich ein frei wählbarer „Ruhetag" pro Auto Gesetz. Leider nur für kurze Zeit.

! Rechenbeispiel: Lassen 1.000.000 (eine Million) Menschen das Auto für einen Tag stehen, gelangen 20.000 Tonnen CO_2 weniger in die Atmosphäre.

40 Tipps mit Bart

Papa mag nicht, wenn wir ständig herumklicken oder -wischen. Dabei klebt er selber am Tablet. Ihm zuliebe zuliebe packen wir auch mal die Technik in eine Schublade und holen die Games von früher raus: Mikado, Mensch-ärgere-dich-nicht, DKT oder Mau-Mau. Irgendwie anders lustig.

! Wer es nicht aushält, längere Zeit offline zu sein, kann „FOMO" entwickeln (von englisch: „fear of missing out" = Angst, etwas zu versäumen). Nomophobie trifft speziell Leute mit Smartphone (no mobile = englisch für „kein Mobiltelefon", phobie = griechisch für „Angst").

Stromlos glücklich 41

Ich habe aufgeschrieben, was im Haus elektrische Energie benötigt. Also Sachen mit Kabel, Akku oder Batterie. Neben Smartphone und Computer gab es einige echte Überraschungen. Mit Mama habe ich überlegt, wie das Wichtigste ohne Strom funktionieren könnte. Essen kochen, Wäsche waschen – das Klo spülen? War ordentlich Denksport und muss noch in den Echttest.

42 Achtung, Feuergefahr!

Für uns braucht ein Ausflug ins Grüne: 1. ein Lagerfeuer und 2. Marshmallows. Die Natur sieht das anders. In Sommern mit wenig Regen kann sogar eine Glasscherbe, Aludose oder Zigarette einen Wald zum Brennen bringen. Darum machen wir nur Feuer, wo man darf, löschen Glutreste sorgfältig und nehmen herumliegenden Müll mit – eigenen wie fremden.

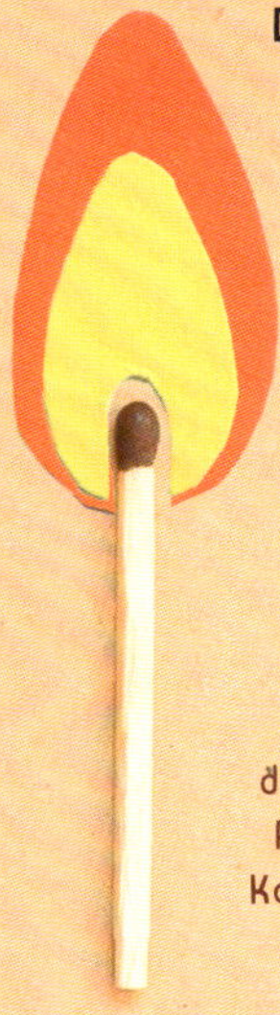

! Energiekrisen rühren daher, dass wir noch auf nicht erneuerbare Ressourcen wie Erdöl, Erdgas oder Kohle angewiesen sind. Werden diese teurer, wird es auch die daraus gewonnene Energie.

43 Alternativstrom? Ja, bitte!

Mein Hamster powert sich regelmäßig auf seinem Spielrad aus. Schräg gedacht macht ihn das zu einer Quelle von erneuerbarer und damit „feuerfreundlicher" Energie. Als wäre sein Rad ein Generator und er der Antrieb, wie beim Fahrraddynamo. Wie viel Hamsterstrom das gäbe und welches Gerät ich anschließen könnte, rechnen wir demnächst mit Eva in der Naturkunde-Stunde aus.

! Wasser, Biomasse (Holz), Biogas (aus Pflanzen- oder Lebensmittelabfällen) Wind, Erdwärme und Sonne sind erneuerbare Energiequellen. Ein 500 x 500 km großes Solarzellenfeld in der Sahara könnte z.B. die ganze Welt mit Energie versorgen.

500 km = Luftlinie Salzburg – Heidelberg

44 Wie energiesparend wohnen?

Alltag klappt kaum mehr ohne Strom. Das gibt gefühlt tausend Gelegenheiten, um den Verbrauch runterzuschrauben. Allein schon zu Hause: Licht aus in ungenutzten Räumen und kein Stand-by bei ungenutzten Geräten. Und wer (wie ich) in einem alten Kasten wohnt, hat mehr vom Heizen durch abgedichtete Fenster und freistehende Heizkörper.

MIRJAMS IDEEN
fürs LICHT

Ich lebe: Mit meinem Sohn Ben ganz nah am Himmel, im Dachgeschoß eines Mehrparteienhauses

Ich mag: Neue Blickwinkel finden, die Kombination aus Forschen und Fühlen, Herz und Hirn

Ich habe Mut: Weil wir „Leuchten" sein können und merken, dass weniger mehr ist.

Ich mache mit: Damit wir bei jedem Anknipsen von Licht im Hinterkopf haben, dass wir nicht alleine auf der Welt sind.

45 Öfter mal „Licht aus“

Wo Licht ist, ist Sicherheit und Gemütlichkeit. Das haben wir in der Steinzeit gelernt. Seit Energie knapp wird, denken wir um. Ich, zum Beispiel, frage mich: Wann brauchen wir künstliche Beleuchtung und wie viel davon? Muss ein Ladenschild oder Schaufenster die ganze Nacht strahlen? Oder ein Zimmer abends taghell sein, obwohl sich niemand darin aufhält?

! Die „International Dark-Sky Association“ (Internationaler Verband für einen dunklen Himmel) macht sich stark für eine Welt ohne Lichtverschmutzung.

! „Nachtlandschafts-Schutzgebiete“ wie der „Sternenpark“ in der österreichischen Region Attersee-Traunsee regeln den Einsatz von künstlichem Licht – für einen naturnahen Blick nach oben.

46 Geschichten aus dem Sternenzelt

Für mich als Astronomin ist der Himmel das zweite Zuhause. Ich beame mich in Gedanken hinauf und setze mich hin, wo es mich gerade anfunkelt. Von dort sehe ich die Erde in ihrer ganzen Pracht und fühle mich angenehm klein im großen Ganzen. Dabei zählt diese geänderte Sichtweise mehr als das Wissen, wie genau mein Himmelskörper heißt.

! Orientierung beim „Sterneschauen“ geben extra helle Himmelskörper wie die Venus oder der Polarstern mit seinem Sternbild, dem Kleinen Wagen (auch: Kleiner Bär).

47 Auf die innere Uhr vertrauen

Wir Menschen besitzen eine „innere Uhr“ – ein Gefühl für die verstreichende Zeit. Ein tolles Experiment ist, einen Tag lang allein nach diesem Zeitgefühl zu leben. Ich plane den Versuch immer fürs Wochenende (weniger Stress!) und schätze zwischendurch, wie spät es wohl auf der „äußeren Uhr“ sein mag. Für gewöhnlich liege ich erstaunlich richtig.

! Wach- oder Müdesein ist auch Typensache. So kommen die „Lerchen“ unter uns früh in Schwung, während die „Eulen“ ab dem Nachmittag zur Höchstform auflaufen.

48

Fit für die Nacht?

Manche Pflanzen und Tieren wachen auf, wenn sich das Tageslicht verabschiedet. Wir Menschen hingegen sind nur bedingt fürs nachtaktive Dasein geschaffen. Bei einer Abend- oder Nachtwanderung geben unsere Sinne umso mehr ihr Bestes. Taschenlampe aus, losstapfen und abwarten, was passiert. Macht übrigens extra Spaß bei Neumond.

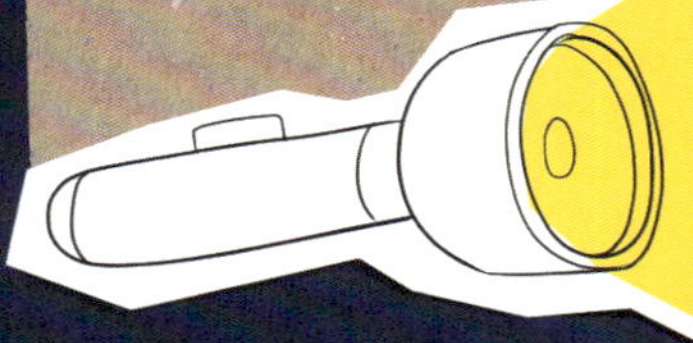

49

Helle Einkaufshilfe

Je nach Material sind Kerzen mehr oder weniger „grün". Die günstigen brennen mit Paraffin (gewonnen aus Erdöl) oder Stearin (aus Palmöl, Kokosöl, tierischen Fetten). Die teureren „Öko-Kerzen" mit regionalen Pflanzenölen (Raps, Sonnenblume, Soja), Bienenwachs oder Biomasse (Holzabfälle). Mein Tipp: jedenfalls Wachsrest-Recycling!

Altes Wachs in neuem Licht

Mit einem Stück Kerzendocht (bzw. Baumwollfaden), einem hitzebeständigen Glasgefäß und Geduld wird aus gesammelten Kerzenstummeln ein netter Stimmungsmacher.
Wer mag, kann die Wachsreste nach Farben sortieren und und sie schichtweise ins Glas gießen. Wenn man die Schichten zwischendurch aushärten lässt, gibt das tolle Regenbogenstreifen.

50

Warmweiß statt kühlblau

Forschungen haben ergeben, dass das Licht aus Bildschirmen uns daran hindern kann, am Abend müde zu werden. Wer die Geräte also nicht unbedingt benötigt, sollte sie vor dem Schlafengehen rechtzeitig zur Seite legen. Oder, wie ich zum Arbeiten, nach angepassten, warmweißen Farbeinstellungen suchen. Stichwort: „Nachtschicht"-Modus!

51

Schwarz schwitzt, Weiß nicht

Die Physik lehrt uns, dass dunkle Farben Licht schlucken, während helle die Strahlen zurückwerfen. Die logische Folge: Weiße Flächen bleiben länger kühl als schwarze. Nicht umsonst haben Städte im Süden ihre unverwechselbare Optik. Ich nutze diesen Effekt bei meinen Sommeroutfits oder beim Anfärbeln unserer Terrasse.

! Es gibt bereits Versuche, wie sich hell eingedeckte Dächer und weiß asphaltierte Straßen auf das Stadtklima auswirken. Mit entsprechend „coolen" Ergebnissen.

52 Viel Licht, wenig Energie

Das ideale Leuchtmittel ist großzügig und sparsam zugleich. LED-Lampen schaffen das. Sie verbrauchen minimal Energie, um maximal Licht zu erzeugen. Wir haben erst kürzlich die letzte Uralt-Glühbirne ersetzt und bei der Nachfolgerin auf die Lichtfarbe geachtet. Mit LEDs im warmweißen Spektrum fühlt sich „mensch" am wohlsten.

53 Sonne – aber richtig!

Eine regelmäßige Portion Sonne hält uns in Form, u.a. durch die Bildung von Vitamin D. Deshalb sind Ben und ich gern im Freien. Um nur die positiven Seiten der Sonne abzukriegen, schützen wir uns mit Cremes und Hüten. Außerdem schauen wir aufeinander und alle(s) rundum.

54 Licht als Luxus

Im Globalen Norden: ein Zuviel an Licht. Im Globalen Süden: ein Zuwenig davon, weil die Stromversorgung fehlt. Schön, wenn aus diesem Unterschied eine Gemeinsamkeit wächst. So gibt es etwa Projekte, die für jede bei uns gekaufte Solarlampe eine weitere anderswo möglich machen. Mit ihnen teilen wir Sonnenenergie und Solidarität zugleich.

! Doppelt sinnvolle Lichtbringer findet man vor allem in Geschäften mit fair gehandelten Produkten. Sie heißen z.B. „Sonnenglas" oder „Little Sun" (kleine Sonne, entworfen vom Künstler Ólafur Eliasson).

! Vielerorts auf der Welt verwendet man noch Petroleumlampen im Innenbereich. Mit jeder, die durch eine Solarleuchte ersetzt wird, wird das Lichtmachen sicherer und sauberer.

55 Nacht-Ruhe geben

Das meiste Leben in der Natur braucht neben dem Hell ein Dunkel. Das spricht gegen dauerblinkenden Schnickschnack im Freien, bzw. für einen möglichst lichtfreundlichen Betrieb. Ben und ich sind sowieso „Team Kerze". Bei den Nachbarn läuft die Lampendeko mit einer Zeitschaltuhr oder mit der Lichtausbeute von Solarzellen.

! Hinter der Umstellung unserer Uhren auf eine „Sommer-" bzw. „Winterzeit" steckt der Plan, das Beste aus dem vorhandenen Tageslicht herauszuholen.

EUGENS IDEEN
für den Schall

Ich lebe: Mit meinem Freund und unserer Dackeldame in der Schulwartwohnung der Paul-Crutzen-Schule

Ich mag: Technik in jeder Form und wie sie unser Leben leichter macht, meine Maschinensammlung

Ich habe Mut: Weil wir alle ständig voneinander lernen können, egal, ob jung oder älter.

Ich mache mit: Damit der natürliche Schall erhalten bleibt, auch die leisen Töne.

Mein Werkstatt-Motto:
Wir hören das Gras wachsen!

56 Ich hör, ich hör ...

Ben hat mir eine Übung für mehr Achtsamkeit gezeigt. Man schließt die Augen und lauscht eine Zeitlang auf jedes noch so kleine Geräusch, wie das eigene Atmen. Eine Minute reicht angeblich schon. Es ist gar nicht einfach, das durchzustehen. Doch danach fühle ich mich total eins mit allem, was mich umgibt. Und ich gehe mit offeneren Ohren durch den Rest des Tages.

! Schweigen stoppt das Gedankenkarussell und bringt geistige Ruhe und Klarheit. Das ist ein bewährter „Lifehack" – in der Psychologie genauso wie in den Glaubensrichtungen dieser Welt.

57 Lärm oder bloß Schall?

Ob ein Geräusch Lärm ist oder nicht, hängt weniger von seiner Lautstärke ab als von den Ohren der beteiligten Menschen. Ein Beispiel: Eine auf Anschlag laufende Maschine stört mich kein bisschen. Sehr wohl aber nervt, wenn mein Freund volles Rohr Mozart hört. Was tun? Aufeinander eingehen, Rücksicht nehmen, den richtigen Ton finden.

20 dB

90 dB

85 dB

0 dB

80 dB

120 dB

95 dB

58 Ganz privates Geräusche-Archiv

Jeder Tag bietet die Chance, einem interessanten Geräusch zu begegnen. Was mir auffällt oder gefällt, halte ich fest. Wie in einem Tagebuch zum Lauschen. Technisch geht das ruckzuck mit dem Smartphone. Je nach Gerät heißt die App dafür etwa „Sprachmemo", „Audio-Rekorder" oder „Diktiergerät".

59 „Schallfreundlich" unterwegs

Früher sind wir überallhin mit dem Auto gefahren. Heute nutzen wir mehr und mehr öffentliche Verkehrsmittel. U-Bahnen, Busse und Straßenbahnen verursachen zwar ebenfalls Schall, befördern jedoch eine Menge Menschen, die sonst ihren jeweils eigenen Verkehrslärm machen würden. Auf diese Art wird viel eingespart: Schall, Platz, Abgase …

60 Eigene Inseln schaffen

Schalltechnisch geht es bei uns zu Hause durchaus rund. Der eine sieht fern, während der andere sich einen Podcast reinzieht und die Dritte ihr tägliches Bellduell mit der Nachbarhündin startet. Unsere Lösung lautet: Kopfhörer für die Zweibeiner! Sie verwandeln das mögliche Durcheinander in ein gemütliches Miteinander – ohne Nebengeräusche.

61 Feuerwerke ohne Knalleffekt

Wir diskutieren heute anders über Feuerwerke als früher: Wir fragen uns, ob der Dreck in der Luft und auf dem Boden, die Gefahr beim Herstellen und Abfeuern und besonders der Stress für die Wild- und Haustiere das kurze Vergnügen wert sind. Zumindest weniger Lärm machen so genannte „Stille Feuerwerke". Sie funktionieren ohne knallende Effekte.

62 Immer schön gemächlich

Angeblich habe ich einen Maschinen-Tick. Aber bitte, ich kann auch anders! Neulich, zum Beispiel, während der Mathe-Schularbeit in der 4b: Anstatt draußen mit dem Kehrgerät sauber zu machen, greife ich zum Besen. Das war wie Meditation, mit dem Blätterrauschen und dem Vogelzwitschern. Vielleicht lasse ich diesen Herbst sogar den Laubsauger stehen?

63 Pst! Ruhezone!

In der Stadt herrscht fast immer Trubel. Nicht alle können das gleich gut aushalten. Eva hat mir verraten, dass sie sich bewusst Auszeiten vom Lärm sucht. Sie kennt alle Parks und Stadtwäldchen, geht in Innenhöfe, Durchhäuser und stillere Gassen. Ich finde, wer Städte plant oder umplant, sollte Ruhezonen unbedingt mitdenken. Als Rückzugsort.

64

Langsamer ist leiser

Es gab eine Zeit, wo ich es genossen habe, auf der Autobahn ordentlich Gas zu geben. Das war, bevor ich meinen Freund kennengelernt habe. Er ist für „freiwillig Tempo 100" – und er hat Recht. Denn mit jedem gefahrenen Stundenkilometer wird unser Auto lauter und hungriger, bzw. durstiger. Gleichzeitig steigt der Schadstoffausstoß.

65

Smartphone-Etikette

Die meisten Menschen reden beim Telefonieren automatisch lauter als üblicherweise. Ich gehöre ebenfalls dazu. Seit ich das mitgekriegt habe, bemühe ich mich, Gespräche in meiner normalen Sprechlautstärke zu führen oder sogar einen Tick leiser. Vor allem in der Öffentlichkeit. Es müssen ja nicht alle mitkriegen, was ich zu erzählen habe.

Mit Dosen telefonieren

Vorbereiten:

- 2 gebrauchte Konservendosen oder Plastikbecher (leer)
- feste Schnur oder Draht
- Nagel
- Hammer

Loslegen:
Wenn Dosen verwendet werden, zunächst auf scharfe Kanten überprüfen und im Zweifelsfall austauschen. Nun mit dem Nagel ein Loch in die Mitte des Dosenbodens stechen. Dabei hilft der (vorsichtig eingesetzte) Hammer. Durch jedes Loch je ein Ende des Fadens oder Drahts fädeln und mit einem dicken Knoten versehen, damit nichts rutscht. Fertig!

PS: Zum Telefonieren so weit voneinander entfernt hinstellen, dass die Schnur gespannt ist. Wie gewohnt beim Reinsprechen und beim Ans-Ohr-Halten abwechseln. Der Rest ist Physik: Der Schall des Gesprochenen versetzt den Dosenboden in Schwingung. Diese erreicht mit Hilfe der Schnur und des gegenüberliegenden Dosenbodens das lauschende Ohr. Und umgekehrt.

66

Tierische Straßenmusik

Aus einer Doku weiß ich, dass Vögel in der Stadt und auf dem Land unterschiedlich drauf sind. Sie werden zu abweichenden Zeiten aktiv und passen ihre Sing-Lautstärke an die umgebende Geräuschkulisse an. Ich glaube, in unserem Schulgarten finden sie einen Ort, an dem sie einfach sie selbst sein können. Das heißt, dass jedes Grün zählt – und wie.

! Neues Zuhause, neue Lieder: Stadt-Kohlmeisen und -Nachtigallen trällern im städtischen Umfeld lauter und schriller. Stare und Amseln machen Handymelodien nach.

Denkraum Zukunft: Findigkeit

Wir rennen, so schnell wir können. Dadurch bleiben wir am gleichen Fleck.

Wenn sich alles rundherum verändert, muss man mitziehen oder bestenfalls einen Schritt voraus sein. Das ist eine grundlegende Spielregel* in der Entwicklung des Lebens. Nur: Wie kann das gelingen? Wie wissen wir, wo wir hinmüssen? Indem wir erst mal stehen bleiben und uns umschauen! Erst wenn wir unsere Position kennen, können wir die „Laufrichtung“ bestimmen. Und wenn wir dann noch unsere Findigkeit einschalten, holen wir womöglich sogar einen Vorsprung heraus. In der Forschung ist dieser Gedanke als „Rote-Königin-Hypothese“bekannt – benannt nach einer Figur bzw. Szene aus dem Buch „Alice hinter den Spiegeln“ von Lewis Carroll.

FRANZIS IDEEN

für die Pflanzen

Ich lebe: Mit meinen Eltern, meinen drei Brüdern und meinen Großeltern in einem neuen Mehrfamilienhaus auf dem Land

Ich mag: Wie jedes bisschen Grün alles viel einladender macht, mich um die Vielfalt kümmern, meinen Spitznamen (Pflanzi)

Ich habe Mut: Weil wir heute etwas für morgen wachsen lassen. Und für übermorgen.

Ich mache mit: Damit die Welt der Pflanzen sich in Ruhe entfalten kann.

Mein Werkstatt-Motto:
Wir leben plantastisch!

67 Bäume beschützen

Alleskönner Baum: Er macht aus CO_2 Sauerstoff, filtert und kühlt die Luft, spendet Schatten und verringert Lärm. Dafür hat er unsere ganze Aufmerksamkeit verdient. Bei einer Schulausstellung haben wir Bäume zu Hinguckern gemacht: umhäkelt, mit Kreide verziert, mit Steckbriefen behängt. Umarmen war erlaubt, Ritzen klarerweise verboten. Autsch!

! Ein Baum ist wie eine Klimaanlage. Ein ausgewachsenes Exemplar verdunstet bis zu 500 Liter Wasser pro Tag und senkt dadurch die Umgebungstemperatur. Ganz ohne Stromzufuhr!

! Was sprießt und blüht denn da? Wer sich bei der gewaltigen Zahl an Pflanzenarten nicht immer sicher ist und kein Buch dabeihat, fragt eine App wie „Flora incognita".

68 Lebende Bilder

Für mich ist ein Fenster wie ein Rahmen: drinnen mein Kinderzimmer, draußen ein Fleckchen Erde, das sich mit jedem Tag, jeder Stunde, jeder Minute verändert. Diesen Blick zeichne ich total gerne, immer und immer wieder. Zusätzlich liebe ich es, Pflanzen von ganz nah anzuschauen und abzumalen. Das bringt mich in einen guten Flow.

69 Von wegen Unkraut

Meine Oma will mich immer zum Jäten verdonnern. Aber ich kann nichts ausreißen, nur weil es angeblich keine sinnvolle Pflanze ist. Ich nehme Oma dann mit in den Garten, und wir schauen genau hin. Alles, was wächst, ist auf seine Weise schön. Und deshalb gibt es auch pflanzenfreundlichere Wörter als Unkraut (= Kein-Kraut). Wie wär's mit Beikraut, Wildkraut oder Begleitpflanze?

! Neophythen sind zugezogene Pflanzen. Manche müssen „gejätet" werden, weil sie die lokale Flora verdrängen: z.B. Götterbaum, Drüsiges Springkraut, Beifuß-Ambrosie (Ragweed) …

70 Voll geizig mit Papier

Meine Brüder und ich nehmen zum Zeichnen gebrauchtes Papier aus Mamas Arbeitszimmer. Weil das Recyclingpapier ist, gehen wir also doppelt vorsichtig mit den Ressourcen Holz, Wasser und Energie um. Wir machen sozusagen Recycling-Re-Use. Außerdem heben wir alte Paketschachteln auf und schicken sie wieder auf die Reise.

! Nicht jede E-Mail muss unbedingt aufs Papier. Pro nicht gedruckte Seite sparen wir 250 ml Wasser, 5 g CO_2, 15 g Holz und 50 Wh Energie!

71 Kramen oder kaufen?

Geschenke hübsch zu verpacken klappt ganz ohne Geschenkpapier-Scham. Ich darf dafür Opas ausgelesene Zeitungen oder Magazine zerschneiden (niemals die Bücher!). Manchmal nähen wir auch Beutel aus Stoffresten oder verpacken Sachen in ausgelöffelten Schraubgläsern. Oder in unseren Secondhand-Kartons.

72 Grün für Gefühle

Pflanzen machen unser Leben angenehmer. Mit einer Blume im Zimmer oder einem Baum vor dem Haus sind wir positiver drauf. Irgendwie ruhiger, „geerdeter“. Ich finde, dieses Glück ist zum Teilen da. Darum nehme ich meinen Pflanzen regelmäßig Stecklinge ab, bringe sie zum Wurzeln und verschenke die Minis an Leute, die ich mag.

! Bestimmte grüne Mitbewohner*innen verbessern zusätzlich das Raumklima, etwa Zimmerpflanzen wie der Gummibaum, die Birkenfeige, die Grünlilie, der Bogenhanf …

Die Vielfalt auskosten 73

Dass wir unglaubliche Mengen an Lebensmitteln wegwerfen, hat u.a. mit den Bestimmungen für Obst und Gemüse zu tun: Wenn Form, Größe oder Aussehen nicht der Norm entsprechen, werden die Sachen meist gar nicht geerntet oder bleiben auf dem Feld liegen. Dabei sind zweibeinige Karotten oder Äpfel mit Sommersprossen ein Wunder der Natur!

! Auf der Internetseite www.mundraub.org sind frei zugängliche Bäume, Sträucher und Stauden eingezeichnet, bei denen man sich kostenlos bedienen darf.

FUROSHIKI

Eine schick gewickelte Tradition aus Japan

Vorbereiten:

- zu verpackender Gegenstand
- ein entsprechend großes, quadratisches Stück Stoff (z.B. ein Überbleibsel vom letzten Nähprojekt, ein aussortiertes Tuch aus dem Kleiderschrank)

Loslegen:

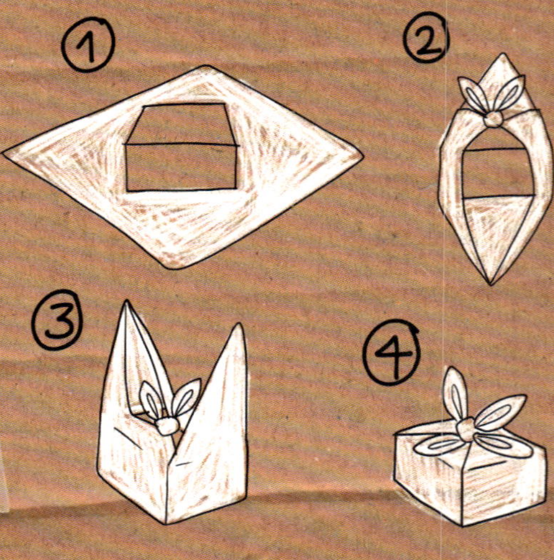

74 Orientierung im Wörterwald

Was ist ein gutes Produkt? Was macht es besser als den Rest? Und wie spürt man es auf? Im Supermarkt schreit alles „Kauf mich!“, da können wir leicht danebengreifen. Außer, wir wissen, was uns wichtig sind und kennen die dazupassenden Schlüsselwörter und Gütesiegel. Für mich muss ein Produkt vor allem Klima- und Umweltschutz „können“.

! Gütesiegel wachsen wie Pilze aus dem Boden, und oft sind sie von Land zu Land verschieden. Ein jeweils aktueller Stand findet sich im Internet. Hier einige Beispiele:
„Bio“ = ohne Kunstdünger und ohne Spritzmittel gegen Wildkräuter oder Insekten, „entwaldungsfrei“ = ohne Zerstörung von Regenwald, „fair“ = mit angemessenen Löhnen für die Produzierenden …

75 Küchengarten im Kleinformat

In jedem noch so winzigen Samen steckt der Bauplan für das spätere große Ganze. Mein Freund Ben und ich finden das unglaublich. Wir bringen ständig was zum Keimen, sogar im Winter: Kresse fürs Butterbrot oder Sprossen aus Linsen oder Bohnen. Anscheinend steckt in diesen gerade aufgeweckten Pflanzen jede Menge Kraft – die schmeckt!

Grüne Winzlinge

Microgreens ziehen

Vorbereiten:

- (Bio)-Samen nach Lust und Laune (etwa für Erbsen, Rote Rüben, Brokkoli, Kapuzinerkresse, Salat, Koriander, Sonnenblumen …)
- als „Beet“ eine flache Schale oder aufgehobene Verpackungsschälchen (von Eiern, Champignons …)
- (Bio-)Anzuchterde
- Sprühflasche

Loslegen:

Das „Beet“ zwei Finger hoch mit Erde füllen, die Samen dicht aufstreuen und andrücken. Lichtkeimer sind damit perfekt gesät. Dunkelkeimer wollen mit einer zarten Erdschicht zugedeckt werden (Samensäckchen befragen!). Das Beet mit Wasser benetzen und an einen warmen, hellen Ort stellen, z.B. aufs Fensterbrett. Zum Keimen brauchen die Pflänzchen stets feuchte, nicht nasse Erde. Je nach Sorte gibt es nach ein bis zwei Wochen die erste mikrogrünen Ernte. Wichtig für den Überblick: unterschiedliche Samen in getrennte Beet-Bereiche säen und diese beschriften!

76 Sei weise zur Wiese!

Ich habe x-mal probiert, eine Wildblumenwiese anzulegen. Und obwohl ich einen grünen Daumen habe, hat das nie wirklich geklappt. Jetzt habe ich herausgefunden, dass die Samen ein Stück Erde brauchen, auf dem (noch) nichts anderes wächst, dazu trockenen und „mageren“ Boden – also nicht zu nährstoffreich. Im Zweifelsfall ein paar Händevoll Sand oder Kies einarbeiten!

! Ein nachhaltiger Frühlingstrend heißt „No Mow May“ (mähfreier Mai). Die Idee ist, Wiesen einen ganzen Monat lang nicht einzukürzen, damit Insekten mehr Nahrung finden.

77 O Gummibaum

Alle Jahre wieder fragen sich Christkind und Weihnachtsmann, welche Art Baum sie anliefern sollen: einen abgeschnittenen? Einen lebenden im Topf, vielleicht sogar als Miet-Baum? Einen aus konventioneller oder Bio-Zucht? Oder aus Metall oder (Hilfe!!!) Plastik? Dabei könnten wir genausogut eine unserer Zimmerpflanzen schmücken.

STEFANS IDEEN

für die Tiere

Ich lebe: Mit meiner WG in einer städtischen Neubau-Wohnanlage samt Gemeinschaftsgarten und einer Schar Hühner

Ich mag: Meine Verbundenheit zum Rest der Tierwelt spüren und mich für ein Umdenken einsetzen – schließlich ist der Mensch nichts anderes ist als ein kluges und kreatives Säugetier

Ich habe Mut: Weil zahlreiche Menschen sich wieder als Teil der Natur fühlen wollen.

Ich mache mit: Damit alle Tiere auf der Erde möglichst frei und glücklich sind.

Mein Werkstatt-Motto:
Wir respekTIERen unsere Grenzen!

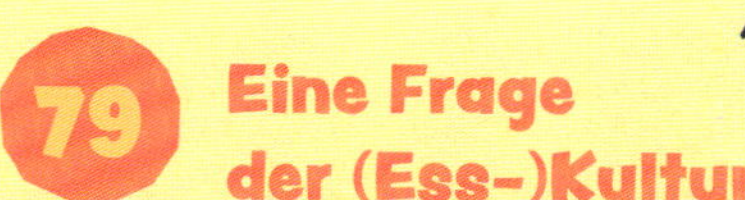

78 Moment, das ist mein Wohnzimmer!

Ich bin viel draußen unterwegs, in der freien Natur. Dabei begebe ich mich notgedrungen in den Lebensraum von Wildtieren – im Wald, am Fluss, im See oder Meer. Ich versuche, dabei möglichst vorsichtig aufzutreten, sprich: rücksichtsvoll unterwegs zu sein. Mit diesem Bewusstsein stresse ich die Tiere weniger und kriege selber mehr mit.

! Im Winter ist diese Umsicht doppelt angesagt. Jedes Abweichen von unseren (übrigens auch den Tieren bekannten) Wegen zwingt sie zu einer energieraubenden Flucht.

79 Eine Frage der (Ess-)Kultur

Ob und welche Tiere wir essen, hängt von unserem Gewissen und Geschmack ab. Doch unsere Tradition und Religion hat genauso Einfluss darauf, was wir „lecker" oder „ekelig" finden. Ich diskutiere dieses Thema gerne mit meiner Klasse, die ist ziemlich multikulti. Wir erfahren jedes Mal Neues voneinander und üben uns in Toleranz.

! In Essen steckt mehr als das bloße Sattmachen. Bestimmte (Lieblings-)Speisen belohnen oder trösten uns, mit anderen will man standesgemäß feiern oder einfach nur angeben.

80 Essen gestaltet die Welt

Wie tierfreundlich ich mich ernähre, formt mich und gleichzeitig den Planeten. In unserer WG mischen sich die Ernährungsstile: von Veganer*innen bis Omnis (Allesessern). Das läuft gut, weil wir aufeinander Rücksicht nehmen. Beispielsweise, indem Fleisch nur noch 1 x pro Woche auf den Tisch kommt. Als Sonntagsbraten – mit rein pflanzlicher Alternative.

! Was Neues zu probieren funktioniert am besten, wenn das Ziel überschaubar ist oder gemeinsam verfolgt wird (z.B. fleischloser Tag oder „Veganuary", veganer Jänner).

Ernährungsstile, Ernährungstypen

omnivor: allesessend (daher die „Omnis")
flexitarisch: allesessend, mit nur wenig Fleisch/Fisch aus artgerechter Haltung
vegetarisch: rein pflanzlich
vegan: rein pflanzlich, mit Verzicht auf Produkte tierischen Ursprungs (Honig, Leder etc.)

Innerhalb dieser Richtungen gibt es Abstufungen wie ovo-vegetarisch (Pflanzliches plus Eier), lacto-vegetarisch (Pflanzliches plus Milchprodukte) oder frutarisch (Pflanzliches, das geerntet werden kann, ohne dass die Pflanze danach abstirbt). Dazu hippe Trends wie Clean Eating (ohne industriell verarbeitete Lebensmittel) oder nicht so häufige Vorlieben wie Roadkill Eating (Tiere, die auf der Straße überfahren wurden).

❗ Wenn der Traum vom eigenen Haustier unerfüllt bleibt, tröstet beispielsweise: fremde Hunde und Katzen sitten, in einem Tierheim mithelfen oder ein Herz für Wildtiere haben.

❗ „Bio" bedeutet nicht unbedingt „artgerechte Haltung"! Dafür gibt es eine Reihe von Tierwohl-Gütesiegeln. Sie sichern Rahmenbedingungen wie passende Einstreu, Beschäftigung und Bewegungsfreiheit im Laufstall bzw. Freiland.

81

Haustier oder nicht?

Bevor wir uns für Hühner entschieden haben, haben wir gegrübelt und geredet: Untereinander (Wer macht den Stall sauber?), mit der Nachbarschaft (Wer würde sich gestört fühlen?), mit der Hausverwaltung (Was ist erlaubt?). Dadurch läuft die Hühnerhaltung mit voller Unterstützung und Begeisterung aller Beteiligten.

82

Alle Augen aufs Tierwohl

Ein Mittelweg: Wenn schon tierische Produkte essen, dann tierisch nachhaltige! Mit dieser Überzeugung einzukaufen heißt jedoch, mehr zu bezahlen – weil der Aufwand bei möglichst artgerechter Nutztierhaltung und schonenden Fischfang-Methoden höher ist. Beim Umsteigen hilft, sich zunächst auf ein Produkt zu konzentrieren (z.B. Milch oder Eier).

❗ Wie kann man Nutztiere vor Wolfsrissen bewahren, ohne Weiden und Almen aufwändig einzuzäunen? Projekte mit speziell trainierten Herdenschutzhunden zeigen vielversprechende Ergebnisse. Eine alte Tradition – neu entdeckt.

❗ Artenschutz darf nicht von Kategorien wie „nützlich" oder „niedlich" geleitet sein. Jedes Lebewesen ist wertvoll und spielt seine Rolle im Kreislauf der Natur.

83

Geachtet und gefürchtet

Manche Wildtiere wurden in unseren Breiten beinahe ausgerottet. Nun kehren sie zurück, und unsere Gefühle sind gemischt. Ist das ein Erfolg oder eine Gefahr? Denn eigentlich tun diese „Problembären" und „Problemwölfe" lediglich, was Bären und Wölfe von Natur aus tun. Nur eben in einem Lebensraum, der noch stärker als früher vom Menschen besetzt ist.

84

Perspektivenwechsel

Wie ist es und wie könnte es sein? Diese Frage beschäftigt mich in vielen Bereichen. Zum Beispiel beim Artenschutz: Welche Tiere halten wir Menschen überhaupt für schützenswert – und warum? Müssen sie süß sein, mit riesigen runden Augen, damit wir sie achten? Oder müssen wir sie kennengelernt haben, um ihr Dasein zu schätzen?

❗ Überraschenderweise ist Honig von Stadtbienen vielfach aromatischer als der von Landbienen. Das liegt am oft eingeschränkten, eintönigen Angebot auf den Feldern (Monokulturen).

85

Einfach zum Wohlfühlen

Im Schulgarten, den wir angelegt haben, gibt es jede Menge Einladendes für Insekten: flache Wassertränken mit Steinen, eine Matsch-Ecke für nestbauende Wildbienen, ein Buffet mit beliebten Futterpflanzen. Zusätzlich lassen wir Pflanzenstängel als Winterquartiere stehen und unsere Wildblumenvielfalt immer bunter werden.

86

Eine Stadt voller Natur

Futter ohne Ende, wärmere Temperaturen und bequemere Quartiere ziehen Tiere in unsere Städte. Zu diesen „Kulturfolgern" gehören Füchse, Dachse, Marder, Wildschweine, Rehe, Feldhamster, Mauersegler und Turmfalken. Citizen-Science-Projekte (Bürger*innen-Forschungs-Projekte) laden ein, die Natur vor der Haustür zu erheben. Ich zähle z.B. mit – bei der „Stunde der Wintervögel" von Birdlife!

❗ In einer durchschnittlichen europäischen Großstadt leben mehr als 10.000 Arten – in einem Mosaik von „Landschaften" zwischen Kellerabteil und Parkanlage..

❗ Eine Winter-Futtermischung, die allen Schnäbeln Freude macht, enthält Getreide, Kerne und Samen, gehackte Nüsse (ungesalzen!), gedörrte Beeren oder Rosinen und getrocknete Insekten.

87

Speiseplan der Zukünfte

Wie können wir die wachsende Weltbevölkerung klimaschonend satt bekommen? Die Forschung setzt auf Insekten: Heuschrecken, Grillen oder Mehlwürmer liefern das gewünschte Eiweiß, benötigen aber weniger Platz, Futter und Wasser als Säugetiere. Erste Kostproben gibt es bereits im Handel. Die allgemeine WG-Meinung: geteilt!

88

Die Vielfalt durchfüttern

Unsere Hühner sind nicht die einzigen, die unseren Garten genießen. Wir heißen jeden Vogel willkommen. Das beginnt bei der naturnahen Gestaltung mit Hecken zum Verstecken, geht über ein reichhaltiges Nahrungsangebot von Wurm bis Wildkräutersamen und endet beim Zufüttern im Winter.

❗ In der Steinzeit war es für uns Menschen alltäglich, Insekten zu essen. Heute hängt die Vorliebe vom Kulturkreis ab. Etwa ein Viertel der Menschheit greift regelmäßig zu Insekten.

MARTYS IDEEN
für die Menschen

Ich lebe: Mit meinem Mutterschiff und einer intergalaktischen Katze im Überall

Ich mag: Die Erinnerungen an meine Austauschschüler-Zeit auf der Erde*, weiterhin einen Blick auf die „Blaue Murmel" haben

Ich habe Mut: Weil Erdlinge ziemliche Alleswisser*innen sein können, wenn sie es nur wollen.

Ich mache mit: Damit es irgendwann alle Erdlinge, äh - Menschen, gleich guthaben.

Mein Werkstatt-Motto:
Wir (versuchen zu) fühlen wie
EIN Mensch - und EINE Welt!

*Nachzulesen in „WErde wieder wunderbar. 9 Wünsche fürs Anthropozän", siehe Seite 61!

89

Respekt, Respekt

Als ich damals auf der Erde gelandet bin, war mir mulmig: „Was, wenn man dort nichts weiter in mir sieht als ein grünes bzw. blaues Männchen? Was, wenn ich ausgelacht werde – oder gar gefürchtet?" Doch dann ist genau das Gegenteil geschehen: Die Erdlinge wollten wissen, wer ich wirklich bin. Das Kleine sehen, das Große Verstehen … Diese Neugierde habe ich mitgenommen.

! Andere Arten, sich darzustellen, zu lieben oder zu glauben können im ersten Moment verwirrend sein. Wenn wir uns näher mit ihnen beschäftigen, geht uns oft ein Licht auf.

90

Zur Abwechslung: Schildkrötenmodus

Es zahlt sich aus, gewohnte Dinge zwischendurch bewusst zu tun. Ich habe es beim Streicheln meiner Katze ausprobiert: in Zeitlupe und mit den Gedanken ganz dabei. Da ist mir zum ersten Mal ein weißer Fleck in ihrem Fell aufgefallen, der aussieht wie ein Stern.

! Achtsamkeit statt „Autopilot": Wer gewohnte Tätigkeiten mit absoluter Aufmerksamkeit ausführt, nimmt mehr wahr, was rundum und innen drin passiert.

91

Das Glück der Gemeinsamkeit

Was macht ein gutes Leben aus? Die Frage ist gar nicht einfach zu beantworten, weil wir einzelne Wesen sind, mit eigenen Vorstellungen. Und trotzdem mit allen und allem verbunden. Beim Funken mit meinen Erdlingen bemühe ich mich, wirklich hinzuhören, die Welt mit ihren Augen zu sehen. So lerne ich viel über sie – und mich.

! In den indigenen Kulturen Südamerikas ist die Basis für alles Handeln: ein gutes Leben. Dazu gehört u.a., dass man von der Natur nicht mehr nimmt, als man gibt.

In eine andere Haut schlüpfen

Stufe 1:

- sich eine Person aussuchen, die man gut kennt (Familie, Freundeskreis)
- versuchen, sich in ihre Lage zu versetzen
- überlegen, was diese Person für ein gutes Leben braucht
- einen Glücks-Wunschzettel für sie formulieren

Stufe 2:

- sich eine Person aussuchen, die anderswo ein gänzlich anderes Leben führt (z.B. im Globalen Süden) und weiter wie in Stufe 1

92 Wir sind jedenfalls besonders

Als Außerirdischer bin ich auf der Erde eine Person mit besonderen Bedürfnissen. Ohne Erdanzug geht „zero". Entsprechend kann ich mich in die (gar nicht wenigen) Erdlinge einfühlen, die ebenfalls kein Durchschnitt sind (oder was man dafür hält). Was benötigen sie, um im Alltag dabei zu sein? Etwa in der Schule oder in der Stadt?

93 Sich für Schwächere stark machen

„Solidarität" bedeutet, dass wir einander unterstützen. Dass wir hinschauen, um zu sehen, was wir teilen können: Essen, Spielsachen, Wissen, Zeit – oder einfach eine Umarmung. Läuft im Überall nicht anders als auf der Erde.

! Geld aufstellen für ein Projekt, das einem speziell am Herzen liegt? Klappt z.B. mit einem Limonadenstand, Nasch-Buffet oder Flohmarkt bei der nächsten Schulveranstaltung. Oder, größer gedacht, mit einer Crowdfunding-Aktion im Internet!

94 Mit(be)stimmen, mitentscheiden

Eine Entscheidung, die mehrere angeht, sollte man auch in der Gruppe treffen. So wie bei unserer Klassenabstimmung für oder gegen die Wurmkiste. Da war fast niemand beleidigt, als das Ergebnis ausgezählt war. Ich weiß noch, wie Stefan gesagt hat: „Das ist gelebte Demokratie."

! Miteinander getroffene Beschlüsse (Schule, Familie, Freundeskreis) funktionieren wie eine Wahl oder ein Volksbegehren in Miniaturausgabe.

95 Wenn ich groß bin, werde ich ...

Ich will später was richtig Sinnvolles anstellen. Etwas, mit dem ich aus dem Universum einen besseren Ort machen kann. Selma hilft mir. Sie will sich um die Erde kümmern und auch Franzi, Momo und Ben für einen aufregenden, grünen Job begeistern. Wobei Ben ja meines Wissens Raumfahrer wird.

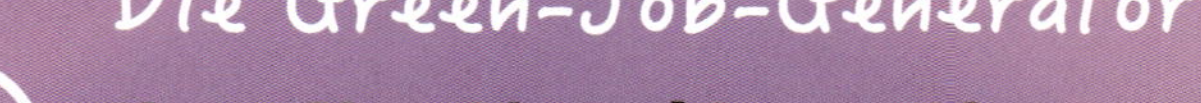

Die Green-Job-Generator

Unser Planet braucht uns und unsere Tatkraft – in Berufen, die wir uns heute erst ansatzweise vorstellen können. Hier ist grenzenloses Denken gefragt. Kreativität anwerfen und das Gehirn stürmen lassen! Was fehlt an wunderbaren Tätigkeiten? Weltraummüllmann? CO_2-Schluckerin? Plastikjäger? Gletscher-Restauratorin? Pflanzenflüsterer? Klima(rück)-wandlerin? Arten-Bodyguard?

! Aus der Notwendigkeit, Verantwortung für unseren Planeten zu übernehmen, entstehen innovative Berufsbilder, viele davon in technischen und naturwissenschaftlichen Fächern.

96 Billig-teure T-Shirts

In Bangladesh habe ich bunte Flüsse gesichtet: gelb, rosa oder pink, von den gefärbten Abwässern der Textfabriken. Je mehr billige Kleidung wir kaufen, desto mehr von dieser „Fast Fashion" (schnellen Mode) wird erzeugt. Mein von Ben vorgeliebtes Star-Trek-Shirt ist dagegen „slow" (langsam): umwelt- und menschenfreundlich zugleich.

Rechenbeispiel:

Der Preis von „Fast Fashion" am Beispiel eines Baumwoll-T-Shirts

Kaufpreis im Laden:		**9,99 Euro**
daran verdienen	• Handel:	**5,86 Euro**
	• Modefirma/T-Shirt-Marke:	**1,24 Euro**
	• Textilfabrik:	**0,40 Euro**
	• Näher*in:	**0,06 Euro**
Kosten für	• Transport:	**1,17 Euro**
	• Material:	**0,75 Euro**
	• Sonstiges:	**0,51 Euro**

! Langsame Mode hat ihren Preis, geht aber genauso mit wenig Taschengeld. Wie? Klingt am trendigsten auf Englisch: „Love me. Wear me. Rewear me. Repair me. Share me." (Liebe mich. Trage mich. Trage mich nochmal. Repariere mich. Teile mich.)

97 Runter vom Gas

Auf der Nordhalbkugel, wo etwa 90 Prozent der Weltbevölkerung leben, wuselt es: Alle wollen alles haben – und das bitte fix. Aber was, wenn man sich damit irgendwann selbst überholt? Oder das gute Leben anderswo bremst? Darum ein ungewöhnlicher außerirdischer Anstupser: Weniger Überschall, mehr Entschleunigung!

! Vergleicht man den Globalen Norden mit dem Globalen Süden, ist der Zugang zu Ressourcen ebenso ungerecht verteilt wie die daraus entstehenden (Umwelt-)Probleme.

98 Nur gute Nachrichten

Nachrichtenschauen, -hören oder -lesen kann rasch ein schlechtes Gefühl hinterlassen. Dagegen haben wir was. Zusammen mit meinen Lieblings-Erdlingen sammle ich daher „Freudigkeiten". Positives, das sich in der Welt und im All so tut. Wir finden überraschend viel, und das andauernd. Ziemlich mutmachend …

! Apps wie „Squirrel News" oder „Good News" ticken ähnlich. Sie richten ihre Aufmerksamkeit weg von den Problemen hin zu den Lösungen.

99 Es lebe die Langeweile!

Mal nichts zu tun zu haben, kann unrund machen. Aber hey, „Leerlauf" sollte man nicht unterschätzen. Wenn ich, ohne etwas zu wollen, in die unendlichen Weiten blicke, fliegen mir massenhaft kometige Ideen zu. Die lieben Freiraum! Also gerne ausprobieren! Bahn frei für die Nummer 100 und was nach ihr noch funkeln mag!

Denkraum Zukunft: Fantasie

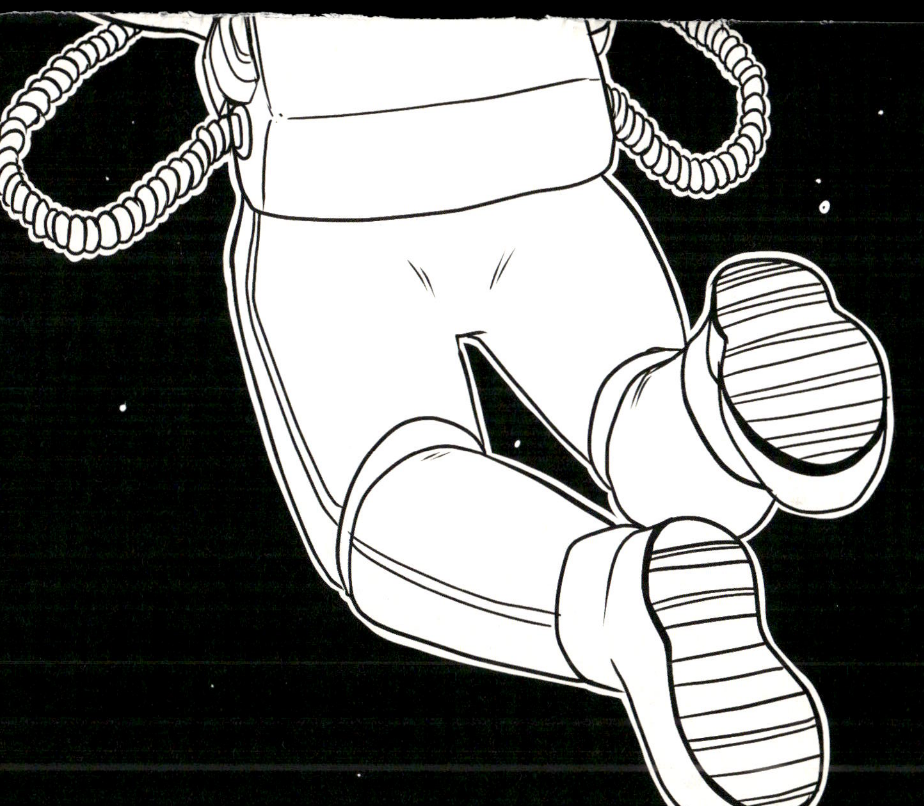

Wir wissen, was war und was ist.
Dadurch können wir uns vorstellen,
was einmal sein wird.

Wie das Morgen aussehen wird, können wir nur zu einem Teil erforschen. Aufgrund von Erfahrungen können wir Vermutungen anstellen und aktiv werden. Den Rest müssen – nein: dürfen! – wir uns erträumen. Wie mutig wir dabei sind, hängt von unseren Wünschen und unserer Fantasie* ab. Also auf in die Zukünfte! Was behalten wir von gestern und was denken wir neu? Ist das, was uns heute zu mutig erscheint, irgendwann ganz alltäglich? Fest steht nur eines: Aus jeder Möglichkeit kann irgendwann Wirklichkeit werden. Wir müssen es nur wollen. Aus der Verbindung von Wissenschaft und Vorstellungskraft schöpft auch die „Science-Fiction“ – mit ihren oft unwahrscheinlich scheinenden Geschichten.

Eure Ideen sind gefragt!

Einladung zum Aktivwerden

99 Ideen später staunen wir, was alles möglich ist – miteinander, füreinander und zueinander. Dabei sind wir hier bloß zu neunt. Was wir erst bewegen werden, wenn ihr da draußen mitmacht ... Menschenskinder! Wir verraten euch gleich, wie wir's angegangen sind. Das spart euch Denkenergie, die ihr für eure eigene Werkstatt verwenden könnt.

TÜR AUF: 9 SCHLÜSSELFRAGEN zum Reinkommen

Gemeinsam sind wir mehr, das gilt nicht nur für die Anzahl an klugen Köpfen. Feiert eure Verschiedenheit, eure unterschiedlichen Interessen und Begabungen! Sie sind eure Ressource, aus der ihr unendlich schöpfen könnt. Natürlich auch alleine, aber noch besser zu zweit, zu dritt ... mit Gleich- oder Andersgesinnten: Die Vielfalt macht's.

Eine wunderbare Werkstatt der Zukünfte braucht genau euch:

Naturfreund*innen und Technikbegeisterte, Bücherwürmer und „Digital-Nerds", Allrounder*innen und Detail-Tüftler*innen. Von allen ein bisschen.

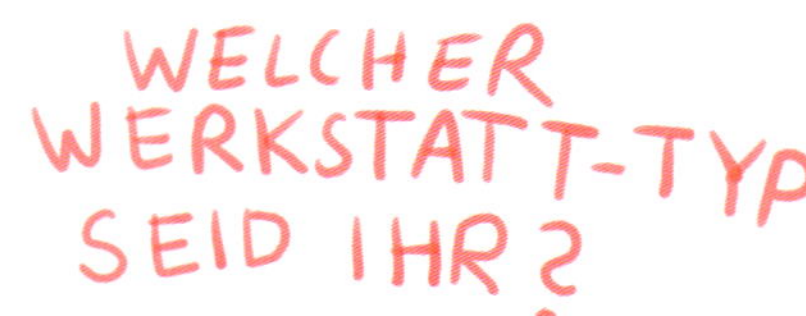

Dreifach stark

- Denker*in: taucht tief in die Themen ein; geht den Dingen auf den Grund; recherchiert, sortiert und verarbeitet Wissen
- Fühler*in: spürt zuallererst hin, geht nach dem Bauchgefühl, kann sich in andere/anderes hineinversetzen
- Macher*in: kommt am liebsten gleich ins Handeln; geht Aufgaben praktisch an, bewahrt den Überblick und übernimmt Verantwortung

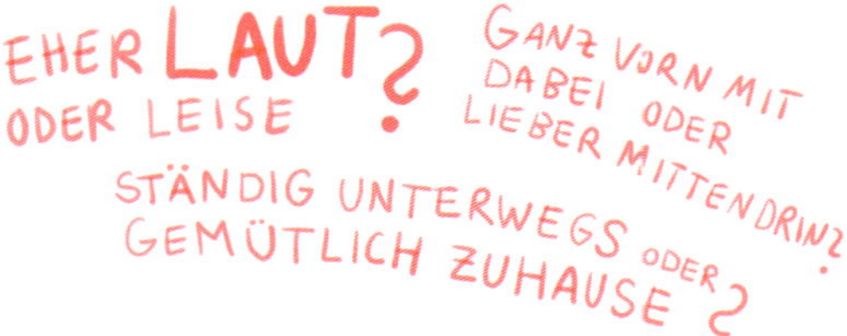

Welche Anregungen und Aktivitäten helfen, unsere Zukünfte hoffnungsvoll zu gestalten und ein gutes Leben für möglichst alle zu ermöglichen? Schwerpunkte dafür können sein: Wie wollen wir wohnen? Uns fortbewegen? Essen? Uns kleiden? Kommunizieren? Ziel ist, die Perspektive zu wechseln und neu auf Gewohntes zu blicken.

MITMACHEN!

WUNSCHBEREICH AUSSUCHEN:
→

WUNSCH FORMULIEREN:
→

WÜNSCHE-WIRKSAM WERDEN:
→

Egal, ob Selbstgespräch oder Zwiegespräch, Brainstorming in der Gruppe oder mit sich alleine, über Distanzen oder live vor Ort: Wir sagen, was wir denken – und wir hören zu! Alles ist erlaubt, solange wir fair bleiben. Jede Idee zählt gleich viel. Denn selbst aus einer vermeintlichen Sackgasse tun sich mitunter zielführende Wege auf.

Wenn Aufgaben unschaffbar erscheinen, verfallen viele Menschen in eine Schockstarre. Stecker gezogen, Akku leer. Dabei hilft In-Bewegung-Bleiben, Gefühle wie Angst oder Ohnmacht zu mildern. Das Negative schrumpft, um Positivem Raum zu geben. Winzige Zwischenschritte führen dabei genauso zum Ziel wie ein einziger, riesenhafter Sprung.

Zwischenschritte zum Ziel:

- Nicht-Gewusstes dazulernen
- Vielfalt anderer Meinungen und Erfahrungen anerkennen
- Zusammenhänge verstehen
- Alternativen aufzeigen
- (gemeinsam) Veränderungen bewirken

Aufwärmübungen fürs Kreativgehirn:

- Stellt euch vor, die Woche hätte plötzlich zwei Freitage. Worauf würdet ihr an diesem geschenkten „Frei-Tag" verzichten? Auf Autofahrten? Handy? Fastfood-Burger? Hilfreich, um eure Gewohnheiten zu hinterfragen!
- Denkt euch immer wieder Dinge aus, die eigentlich unmöglich scheinen. (Die Königin aus den „Alice"-Geschichten schafft bis zu 6 davon, bei täglich einer halben Stunde Praxis.)
- Pinnt leere Zettel an die Wand eures Zimmers zu Hause oder in der Schule. Nutzt sie, um spontane Gedanken aufzuschreiben. Und habt immer ein Notizbuch dabei!

Wir alle haben unsere Meinungen und Überzeugungen. Stimmen, die wir hörbar machen können: zunächst in Schüler*innenparlamenten und bei Diskussionen, später bei Wahlen und Petitionen. Und jederzeit, wenn auch vielleicht weniger öffentlichkeitswirksam, mit den Ideen und Initiativen, die wir selbst umsetzen.

Ständig wird diskutiert, ob es nun „5 Minuten vor 12“ ist, für das Leben auf diesem Planeten, oder bereits „5 nach 12“. Wie wär's, wenn wir lebendig loslegen statt Dinge totzureden? "Wir müssten, wir sollten" ist schön und gut. Doch besser ist, selber etwas auf die Beine zu stellen oder mitzumachen, wo es uns sinnvoll erscheint.

Orte, an die man sich zurückzieht, um kreativ zu werden, tragen gerne ebenso kreative Namen, meist aus dem Englischen. Da gibt es „Think Tanks“ (Denk-Behälter) oder „Fish Bowls“ (Goldfisch-Gläser). Eine Werkstatt der Zukünfte kann man überall bauen. Ob im Kinder- oder Klassenzimmer, beim Kochen oder Karate-Training.

Weil wir verstanden haben, dass wir die Erde sind. Oder zumindest ein nicht unwichtiger Teil von ihr. Wenn auch längst nicht der wichtigste! Wenn wir uns als gestaltender Teil der Natur fühlen, fällt es uns leichter, in ihrem Sinne zu denken und Sinnvolles ins Rollen zu bringen.

Lasst euch bloß nicht einreden, dass es längst zu spät ist. Dass euer Engagement vergebens ist oder gar verrückt. Glaubt an euch, bleibt dran, gebt nicht auf. Denn eines ist sonnenklar und steht felsenfest: Wir müssen freundlicher sein zu unserer „Blauen Murmel“. In unserem Denken, in unserem Fühlen und in unserem „Machen“.

Wann, wenn nicht jetzt? Wo, wenn nicht hier?
Wer, wenn nicht wir?

Das Beste zum Anfang(en)

Liebe Erde, wir sind am Werken!

Die Anthropozän-Forschung sagt, du brauchst von uns ein „neues Normal". Es soll für uns Menschen selbstverständlich werden, bei allem, was wir tun, an dich zu denken. Dazu sind wir mehr als bereit. Wir wollen Wünsche formulieren und wahr werden lassen. Wir wollen andere für unsere Ideen begeistern. So lange, bis diese Ideen nichts Besonderes mehr sind, sondern eben normal. Und wir wollen, dass es auf dir richtig rund geht. Auf wunderbarste Art!

Kurzwörterbuch der Zukünfte

Anthropozän Namensvorschlag für den stark von uns Menschen geprägten Erdgeschichts-Abschnitt seit den 1950er Jahren; als Nachfolger des Zeitalters „Holozän“

Artenschutz Bewahren der Vielfalt von Pflanzen und Tieren

artgerechte Haltung berücksichtigt die natürlichen Verhaltensweisen und Bedürfnisse von Haus- und Nutztieren

Atmosphäre gasförmige Hülle rund um unseren Planeten

biologisch, bio naturnah bzw. naturbelassen

Blaue Murmel, Blauer Planet bildhafte Bezeichnung der Erde

Bodenschatz natürliche Ablagerungen von wertvollen Rohstoffen unter der Erde, im Gestein oder auf dem Meeresgrund

Brainstorming freies Sammeln von Ideen (von englisch „brain“ = Gehirn und „storming“ = stürmend)

CO_2-Rucksack CO_2-Menge, mit der z.B. ein Produkt die Atmosphäre belastet (durch Herstellung, Transport, Nutzung bzw. Entsorgung)

Crowdfunding (auch: Schwarmfinanzierung) Sammeln eines Ziel-Geldbetrags für die Umsetzung eines Projekts, meist mit Hilfe vieler privater Unterstützer*innen (von englisch „crowd“ = Menschenmenge und „funding“ = Finanzierung)

Erdgeschichte Entwicklung unseres Planeten von seiner Entstehung bis zur Gegenwart

erneuerbare Energie Strom, Heizung und Kühlung aus Energiequellen, die nicht versiegen bzw. die sich laufend nachbilden

Evolution schrittweise (Weiter-) Entwicklung des Lebens auf der Erde

Fashion (Fast – Slow – Eco – Fair) Mode (billig und kurzlebig – hochwertig und langlebig – aus Bio-zertifizierten Materialien – fair erzeugt und gehandelt)

Fußabdruck (ökologischer) Maßzahl für die Erdfläche, die eine Person für ihre Bedürfnissen oder die ein Produkt für seine Herstellung benötigt

global sich auf die ganze Erde (den Globus) beziehend, weltweit

Globaler Norden kein geographischer Begriff, sondern Bezeichnung für die „reichen“, hoch entwickelten Industriestaaten; ehemals: „Erste Welt“

Globaler Süden kein geographischer Begriff, sondern Bezeichnung für die „ärmeren“ Entwicklungs- und Schwellenländer, vorranging in Afrika, Latein- und Südamerika sowie in Süd- und Südostasien; ehemals: „Dritte Welt“ bzw. „Zweite Welt“

grün oft gleichbedeutend mit „umweltfreundlich“

Grüne Ringe rund um Städte bewahrte bzw. eigens angelegte Grünflächen

Handabdruck (ökologischer) Maßzahl für die positiven Veränderungen, die eine Person bewirkt

Holozän allgemein anerkanntes aktuelles Erdzeitalter; Beginn vor 11.700 Jahren

Indigene, indigene Bevölkerung Ureinwohner*innen einer Erdregion; ehemals: „Naturvölker“

Klimaschutz Bewahren eines lebenswerten Klimas auf der Erde

Kohlendioxid (auch: Kohlenstoffdioxid bzw. CO_2) chemische Verbindung aus Kohlenstoff und Sauerstoff; so genanntes „Treibhausgas“, beschleunigt in zu hoher Konzentration den Klimawandel

Lapbook ausklappbare Info-Mappe zu einem Thema (von englisch „to lap“ = sich überlappen und „book“ = Buch)

Lärmverschmutzung übermäßige und dadurch unangenehme Beschallung, v.a. des öffentlichen Raums

LED Abkürzung für „Light Emitting Diode“ (Licht emittierende Diode = elektronisches Bauelement, das Licht aussendet)

Lifehack Ratschlag, Trick oder Kniff, der das Leben leichter macht

lokal örtlich, auf einen Ort beschränkt

Mikroplastik winzig kleine und deshalb schwer zu entfernende Kunststoffteilchen

Mikroplastik-Check Liste mit Inhaltsstoffen, die auf plastikähnliche Zutaten in Kosmetik & Co hinweisen

Auswahl: Acrylat Copolymer (AC) Acrylat Crosspolymer (ACS), Ethylen-Vinylacetat-Copolymer (EVA), Polyamid (PA, Nylon), Polyacrylat (PAK), Polyester (PES), Polyethylen (PE), Polyimid (PI), Polymethylmethacrylat (PMMA), Polyethylenterephthalat (PET), Polypropylen (PP), Polyquaternium (PQ), Polystyren (PS), Polyurethan (PUR)

Mindmap Anordnung von Infos und Ideen in einem Diagramm (von englisch „mind“ = Geist, Verstand und „map“ = Karte, Plan)

Mobilität Beweglichkeit; auch: Fortbewegungsart

Monokultur Anbau einer einzigen (Nutz-)Pflanzenart über mehrere Jahre auf derselben Fläche

Moodboard Collage aus Fotos und/oder Zeichnungen zu einem Thema (von englisch „mood“ = Stimmung und „board“ = Tafel).

nachhaltig respektvolle Nutzung natürlicher Ressourcen

Naturgewalt Kraft, die von den Elementen ausgeübt wird; auch: eine stark verändernde Kraft

Neophyt(en) griechisch für: „neue Pflanze(n)“; Pflanzen, die sich in einem Gebiet ansiedeln, in dem sie ursprünglich nicht heimisch waren

das neues Normal Anpassung von Lebens- und Sichtweisen an geänderte Rahmenbedingungen

ökologisch, öko umweltschützend; im Einklang mit der Natur

Ökosystem Gemeinschaft aus unterschiedlichen Lebewesen in einem Lebensraum

Photosynthese chemischer Prozess, bei dem Pflanzen, Algen und bestimmte Bakterien aus Kohlendioxid und Licht Sauerstoff und Zucker erzeugen

Pionierpflanze Pflanze, die einen freien oder frei gewordenen Lebensraum als erste nutzt

Recycling Wiederverwertung von Rohstoffen in Abfallprodukten

Regenwald Wald mit einer hohen Niederschlagsmenge

regional auf ein Gebiet beschränkt

Ressource Rohstoff, also natürlich vorkommender Bestand eines Stoffs, der genutzt bzw. weiterverarbeitet werden kann; auch: persönliche Fähigkeit oder Möglichkeit

saisonal jahreszeitlich; z.B. Obst und Gemüse, das in einem bestimmten Teil der Welt nur zu einer bestimmten Zeit im Jahr reif ist

Schutzzone speziell gewidmeter Bereich einer (Natur-)Landschaft, der möglichst unberührt bleiben soll

Science-Fiction Geschichten, die Wissenschaft (englisch: „science“) mit Vorstellungskraft (englisch: „ficition“ = Erfundenes) verbinden

Scrapbook Buch mit leeren Seiten zum Selbergestalten (von englisch: „scrap“ = Schnipsel und „book“ = Buch)

Tierwohl Gesundheit und Wohlbefinden von (Nutz-)Tieren

Umweltschutz Bewahren der natürlichen Lebensräume auf der Erde

Unswelt erweiterter Umwelt-Begriff, geprägt vom Erdwissenschaftler Reinhold Leinfelder

Versiegelung, versiegeln Bedecken von offenem Boden mit einer wasserundurchlässigen Schicht (Asphalt, Beton)

Wirwelt erweiterter Umwelt-Begriff, geprägt vom Bildungswissenschaftler und Lehrer Erwin Rauscher

Wissenschaftsskeptiker*in Person, die Forschungsergebnissen misstrauisch gegenübersteht

PS: Ganz vorne im Buch schreibt Franzi einen Gedanken von **Dom Hélder Pessoa Câmara** aufs Whiteboard. Der brasilianische Erzbischof setzte sich Zeit seines Lebens (1909-1999) für die Wahrung der Menschenrechte ein.

(Fast) alles übers Anthropozän: „WErde wieder wunderbar"

„Autorin und Illustratorin haben den feinen Unterschied zwischen getriebener Reaktion und frischer Aktion verstanden. Sie machen Mut und animieren zur lebensfreudigen Gestaltung der Zukunft – nicht zuletzt, indem sie glaubhaft belegen, dass wir alle dazu etwas beitragen können. Und zusammen noch mehr."
Sacha Rufer, Info-Bulletin | umwelt-mediathek

- **„Klima-Buchtipp des Monats"** der Deutschen Akademie für Kinder- und Jugendliteratur, im Juni 2022
- **Longlist „Wissenschaftsbuch des Jahres 2023"**, Kategorie „Junior-Wissensbücher"
- **„Seitenweise Kinderliteratur 2022"** – die bemerkenswertesten Neuerscheinungen des Bücherjahres, ausgewählt von der STUBE, www.stube.at

„Unsere wunderbare Werkstatt der Zukünfte" ist ein erzählendes Sachbilderbuch, das nahezu grenzenlos einsetzbar ist. Die Pädagogische Hochschule Niederösterreich (Zentrum Zukünfte·Bildung) empfiehlt es als didaktisches Material für den Unterricht, von der Primarstufe bis zur Sekundarstufe und darüber hinaus. Eine Vielzahl an Unterlagen und Informationen zum Zeitalter des Menschen im Allgemeinen und zum Buch „WErde wieder wunderbar" im Speziellen findet sich zum freien Download auf **www.werdewiederwunderbar.com**!

Die konzeptionelle und textliche Arbeit an und in der „Werkstatt der Zukünfte" wurde durch das Sachbuch-Stipendium der Literar-Mechana sowie das Arbeitsstipendium Literatur des Bundesministeriums für Kunst, Kultur, öffentlicher Dienst und Sport gefördert.
Die Autorin dankt für die Unterstützung.

Dieses Buch erscheint in der Edition NILPFERD.

www.nilpferd.at
www.ggverlag.at
www.werdewiederwunderbar.com

ISBN 978-3-7074-5294-5

In der aktuell gültigen Rechtschreibung.
Hergestellt in Europa.
Papier aus verantwortungsvoll bewirtschafteten Quellen.
1. Auflage 2023

Text: Melanie Laibl
Illustration: Corinna Jegelka
Anthropozän-Song: Liedtext: Melanie Laibl; Komposition: Christina Foramitti;
Arrangement: Christina Foramitti; Interpret*innen: Christina Foramitti & Peter Groißböck;
Produktion: TSB – Tonstudio Baumann
Grafische Gestaltung und Satz: studioback.at / Annett Stolarski
Hergestellt und gedruckt in Europa.

Die Edition NILPFERD erscheint im G&G Verlag.
© 2023 G&G Verlagsgesellschaft mbH, Wien
Alle Rechte vorbehalten. Jede Art der Vervielfältigung, auch die des auszugsweisen Nachdrucks, der fotomechanischen Wiedergabe sowie der Einspeicherung und Verarbeitung in elektronische Systeme, gesetzlich verboten.
Aus Umweltschutzgründen wurde dieses Buch auf chlorfrei gebleichtem Papier gedruckt.